DATOS DE SALUD Y DATOS GENÉTICOS

SU PROTECCIÓN EN LA UNIÓN EUROPEA Y EN ESPAÑA

Javier Sánchez-Caro
Fernando Abellán

DATOS DE SALUD Y DATOS GENÉTICOS

Su protección en la Unión Europea y en España

Granada, 2004

Editorial Comares, S.L.
Polígono Juncaril, parcela 208
18220 Albolote (Granada)
Tel.: 958 46 53 82 • Fax: 958 46 53 83

http://www.comares.com

ISBN: 84-8444-817-7 • Depósito legal: Gr. 551/2004

Fotocomposición, impresión y encuadernación: EDITORIAL COMARES, S.L.

Para Esther, en el fervor de su infancia,
con el deseo de que para ella no haya cosas imposibles

SUMARIO

PRÓLOGO

Es un motivo de satisfacción poder presentar el libro *Datos de salud y datos genéticos. Su protección en la Unión Europea y en España,* escrito de Javier Sánchez-Caro y Fernando Abellán, autores ya consagrados en el ámbito del Derecho Sanitario. Ambos han escrito distintos libros entre los que destacaría *La historia clínica, Telemedicina y protección de datos sanitarios* y *Derechos y deberes de los pacientes* y tienen por ello la consideración de expertos en la materia que no requieren ya de presentación [1]. Mi actividad profesional me ha deparado la oportunidad de mantener una interesante relación profesional con uno de los dos autores de este libro, Javier Sánchez-Caro, cuando él era Jefe de los Servicios Jurídicos del Instituto Nacional de la Salud y yo acababa de ser nombrado Director de Gabinete de la Subsecretaría del Ministerio de Sanidad y Consumo, relación profesional que se ha reanudado de nuevo él como Director de la Unidad de Bioética y Orientación Sanitaria de la Consejería de Sanidad y Consumo de la Comunidad de Madrid y yo como Director de la Agencia de Protección de Datos de la Comunidad de Madrid [2]. Men-

[1] Cfr. J. Sánchez-CARO y F. ABELLÁN, *La historia clínica,* Fundación Salud, Madrid, 2000; J. SÁNCHEZ-CARO y F. ABELLÁN, *Telemedicina y protección de datos sanitarios,* Fundación Salud, Granada, 2002; J. SÁNCHEZ-CARO y F. ABELLÁN, *Derechos y deberes de los pacientes,* Fundación Salud, Granada, 2003. Cfr. también J. SÁNCHEZ-CARO y J. SÁNCHEZ-CARO, *El médico y la intimidad,* Díaz de Santos, Madrid, 2001.

[2] El otro autor de este libro, Fernando Abellán, es un abogado especialista en el ámbito sanitario y profesor del Master de Derecho Sanitario de la Universidad Complutense de Madrid.

ciono ambas situaciones para que se me permita afirmar —como testigo directo— cómo la Administración sanitaria se ha beneficiado siempre de la brillantez y del rigor intelectual de Javier Sánchez Caro, que ha enriquecido y ha dado seguridad jurídica a la actividad sanitaria pública desde finales de los años 70. Si el mayor activo de la Administración pública es el conocimiento que atesoran sus funcionarios, esta afirmación es especialmente evidente en el caso de uno de los autores de este trabajo.

El libro que tengo la satisfacción de prologar analiza la protección de los datos de salud y de los datos genéticos, que son también datos de salud. Los autores estudian cómo afecta al régimen jurídico de la protección de los datos de salud de las personas la recientemente aprobada Ley 41/2002, de 14 de noviembre, básica reguladora de la autonomía del paciente y de derechos y obligaciones en materia de información y documentación clínica. Así, se analizan los derechos básicos de los ciudadanos en materia de protección de datos sobre salud, sin olvidar las dificultades para la aplicación de la Ley, analizando también las especificidades que presenta la protección de datos en algunos ámbitos como los ensayos clínicos, la reproducción humana asistida o la farmacia comunitaria. Un apartado con relevancia propia es el análisis de la protección de los datos genéticos. En el se analizan tanto los datos genéticos, los datos proteómicos y las muestras biológicas y, en general, algunos conflictos bioéticos y jurídicos que provoca la información genética. Por último, los autores exponen la doctrina elaborada hasta la fecha por el Tribunal Constitucional y por los distintos Tribunales de Justicia, sin olvidar algunas resoluciones e informes de la Agencia Española de Protección de Datos.

Antes de abordar el problema de la protección de los datos de salud y de los datos genéticos de las personas, hay que recordar, como ya henos hecho en alguna otra ocasión, que las tecnologías de la información y la comunicación son un instrumento muy positivo para la actividad sanitaria que redunda en la mejora de la calidad asistencial de los pacientes. Proyectos como la historia clínica electrónica y la tarjeta sanitaria, que requieren el establecimiento de depositorios de información sanitaria básica del ciudadano que permita poner a disposición de cada ciudadano sus datos sanitarios y de los profesionales información sanitaria sobre sus pacientes contribuyen al progreso de la atención sanitaria de los ciudadanos. Lo mismo se puede decir de proyectos como la información sanitaria personalizada a través de la red, la posibilidad de ofrecer servicios interactivos como la cita previa, la receta electrónica o los proyectos de telemedicina [3]. Además, los sistemas sanitarios públicos se encuentran con un aumento de las demandas de los ciudadanos, que requieren cada vez más prestaciones, lo que obliga a aumentar la eficiencia en el ahorro del gasto corriente. Las tecnologías de la información facilitan el almacenamiento de las pruebas diagnósticas, evitando su repetición y permiten reducir el tiempo que el personal facultativo dedica a la gestión —a la búsqueda de la información—, con la mejora consiguiente en la atención a los pacientes. Por tanto, las tecnologías de la información se constituyen en un auténtico motor del cambio y del progreso en la calidad asistencial y en la equidad en el acceso a las prestaciones [4]. Lo mismo se puede decir de la investigación genética, que tiene que ser aprovechada para la mejora del derecho a la salud.

Lógicamente, estos proyectos deben ser compatibles con los derechos de las personas a las que queremos ofrecer una mejor atención. Como señala el documento *Principios Éticos de la Sanidad en la Sociedad de la Información*, elaborado por el Grupo Europeo de Etica de la Ciencia y de las Nuevas Tecnologías en su dictamen para la Comisión Europea, de 30 de julio de 1999, existen en este campo importantes valores en conflicto ya que la sociedad de la información y la comunicación afecta a la privacidad de las personas [5]. La búsqueda de la calidad asistencial a través del control en el desempeño de la actividad sanitaria mediante protocolos, guías y pautas clínicas conlleva el manejo de datos personales. La mejora de la efectividad del trabajo y la autonomía de los profesionales requiere en muchas ocasiones el tratamiento masivo de información de los pacientes. Igualmente, existe un interés social que comprende los beneficios colectivos de la investigación médica, de la planificación sanitaria, de las políticas de prevención y de salud pública, actividades éstas que se materializan sobre información sanitaria de personas. Al mismo tiempo, la necesidad de buscar la eficiencia en el recurso a las pres-

[3] Cfr. F. J. LÓPEZ CARMONA, *Salud en la red*, en AA.VV., *Telemedicina, atención sanitaria y sus aspectos legales*, MSC-GGPJ, Madrid, 2002.

[4] Cfr. A. TRONCOSO REIGADA, *La protección de los datos de salud y la historia clínica*, Actas del X Congreso Nacional de Derecho Sanitario, Fundación Mapfre Medicina, 2004..

[5] *Ethical issues and healthcare in the information society. Opinion of the european group of ethics in science and new technologies to the European Commission*, 30 de julio de 1999.

taciones sanitarias requiere una información precisa que permita adaptar y equilibrar los recursos para evitar dar a unos pacientes unos cuidados más costosos en detrimento de los cuidados más básicos y necesarios de otras personas [6].

Por tanto, todos los proyectos de mejora de la actividad asistencial sanitaria, tanto aquellos que se apoyan sobre las tecnologías de la información y la investigación genética, como aquellos otros vinculados a políticas de calidad y de evaluación del desempeño tienen que ser desarrollados respetando los derechos de las personas reconocidos en nuestra Constitución. En especial, el art. 18.1 garantiza «el derecho al honor, a la intimidad personal y familiar y a la propia imagen», al tiempo que el art. 18.4 CE señala que la ley «limitará el uso de la informática para garantizar el honor y la intimidad personal y familiar y el pleno ejercicio de los derechos». Así, el Tribunal Constitucional ha reconocido un derecho específico a la protección de datos personales en la reciente Sentencia 292/2000, de 30 de noviembre, definiéndolo como el derecho que tiene toda persona a controlar sus datos personales, lo que le faculta para decidir quién posee esos datos, y para qué los va a usar, pudiendo oponerse a esa posesión o uso. La Ley Orgánica 15/1999, de 13 de diciembre, de Protección de Datos de Carácter Personal —LOPD— señala como objeto «garantizar y proteger, en lo que concierne al tratamiento de los datos personales, las libertades públicas y los derechos fundamentales de las personas físicas y, especialmente, de su honor, intimidad personal y familiar». Esta Ley tiene como ámbito de aplicación «los datos personales registrados en soportes físicos, que los haga susceptibles de tratamiento, y a toda modalidad de uso posterior de estos datos», art. 2 [7].

[6] Cfr. AA. VV. *Calidad en la asistencia sanitaria*, Instituto Europeo de Salud y Bienestar Social, Madrid, 1999, págs. 25-29 y 57-75; AA. VV. *La gestión del proceso asistencial: impacto de los sistemas de información médica*, MSC, Madrid, 2000, págs. 15-37; AA.VV., *Libro blanco para la mejora de los servicios públicos. Una nueva Administración al servicio de los ciudadanos*, MAP, Madrid, 2000, págs. 68-78; *Calidad.com. Ejemplos de prácticas de Calidad en la Comunidad de Madrid*, Madrid, 2000.

[7] Cfr. P. Lucas Murillo, *El derecho a la autodeterminación informativa*, Tecnos, Madrid, 1990; P. Lucas Murillo, *Informática y Protección de Datos Personales*, CEC, Madrid, 1993; J. M. Alvarez Cienfuegos, *La defensa de la intimidad de los ciudadanos y la tecnología informática*, Aranzadi, Pamplona, 1999; J. Aparicio, *Estudio sobre la Ley Orgánica de Protección de Datos de Carácter Personal*, Aranzadi, Navarra, 2002; M. Vizcaino, *Comentarios a la Ley Orgánica de protección de datos de carácter personal*, Cívitas, Madrid, 2001.

La LOPD establece para todos los tratamientos de datos personales y, por tanto, también para los tratamientos de datos de salud un conjunto de principios de protección de datos —arts. 4-12 LOPD— y unos derechos de los pacientes en este ámbito —arts. 13-19 LOPD [8]. Así, el responsable del fichero debe garantizar la calidad de los datos, el principio de información en la recogida de los mismos o el principio de consentimiento inequívoco del afectado. Sin embargo, este principio general de consentimiento del afectado presenta en el ámbito sanitario un conjunto de excepciones que no siempre son claras. Así, a pesar de que los datos de salud son datos especialmente protegidos, que «sólo podrán ser recabados, tratados y cedidos cuando así lo disponga una ley o el afectado consienta expresamente» —art. 7 [9]—, la propia LOPD autoriza los tratamientos de datos sanitarios, junto con otros datos especialmente protegidos como el origen racial, la religión o la vida sexual «cuando dicho tratamiento resulte necesario para la prevención o para el diagnóstico médicos, la prestación de asistencia sanitaria o tratamientos médicos o la gestión de servicios sanitarios, siempre que dicho tratamiento de datos se realice por un profesional sanitario sujeto al secreto profesional o por otra persona sujeta asimismo a una obligación equivalente de secreto». Este sería el sentido y el desarrollo de la excepción del consentimiento del art. 6.2 LOPD «cuando el tratamiento de los datos tenga por finalidad proteger un interés vital del afectado» [10]. No obstante, parece que lo más adecuado es

[8] Cfr. C. Sánchez Carazo, *La intimidad y el secreto médico,* Díaz de Santos, Madrid, 2000; AA.VV, *La seguridad y confidencialidad de la información clínica. Informe SEIS*, Pamplona, 2000; R. García Ontoso, M. Sánchez González, E. Sóla y L. Rodríguez Ramos, *Intimidad y confidencialidad en la práctica clínica,* VI Congreso Nacional de Derecho Sanitario, Fundación Mapfre Medicina, 2000, págs. 63-108.

[9] El art. 8 de la Directiva 95/46 establece inicialmente el principio de prohibición de su tratamiento: *«Los Estados prohibirán el tratamiento de datos personales que revelan el origen racial o étnico, las opiniones políticas, las convicciones religiosas o filosóficas, la pertenencia a sindicatos, así como el tratamiento de los datos relativos a la salud o la sexualidad».* Igualmente, el art. 6 del Convenio 108 del Consejo de Europa señalaba: *«los datos de carácter personal que revelen el origen racial, las opiniones políticas, las convicciones religiosas u otras convicciones, así como los datos de carácter personal relativos a la salud o a la vida sexual, no podrán tratarse automáticamente a menos que el Derecho interno prevea garantías suficientes».* La misma regla regirá en el caso de datos de carácter personal relativos a condenas penales.

[10] Realmente este párrafo es de discutida interpretación. No se sabe si esta previsión levanta únicamente la prohibición del art. 7.4 LOPD de mantener ficheros de datos espe-

mantener que el propio art. 7 prevé una excepción general del consentimiento para el tratamiento de estos datos con finalidad sanitaria [11]. Esto estaría justificado en la vertiente objetiva —prestacional— del derecho a la vida, que anima toda la gestión sanitaria. Además, el art. 8 vuelve a autorizar expresamente que las instituciones y los centros sanitarios públicos y privados y los profesionales correspondientes «podrán proceder al tratamiento de los datos de carácter personal relativos a la salud de las personas que a ellos acudan o hayan de ser tratados en los mismos, de acuerdo con lo dispuesto en la legislación estatal o autonómica sobre sanidad». En esta dirección, el art. 11 señala que no será preciso el consentimiento cuando «la cesión de datos de carácter personal relativos a la salud sea necesaria para solucionar una urgencia que requiera acceder a un fichero o para realizar los estudios epidemiológicos en los términos establecidos en la legislación sobre sanidad estatal o autonómica». La Directiva Comunitaria 95/46, de 24 de octubre, apunta la presencia de otros intereses generales como los estudios epidemiológicos, las situaciones de riesgo grave para la salud de la colectividad, la investigación y los ensayos clínicos, que, cuando estén incluidos en normas de rango de Ley, pueden justificar una excepción motivada a los derechos del paciente, lo que implica previsión legal [12].

---

cialmente protegidos, o autoriza un tratamiento de este tipo de datos para fines sanitarios aunque no haya una Ley que así lo dispusiera y sin que el afectado consintiera expresamente. Más confusión añade el segundo párrafo del art. 7.6 cuando autoriza los tratamientos del párrafo anterior para salvaguardar el interés vital del afectado o de otra persona, en el supuesto de que éste esté física o jurídicamente incapacitado para dar su consentimiento, lo que parece sugerir que el segundo párrafo es una excepción del consentimiento, por lo que no lo sería el primer párrafo.

[11] De hecho, la exigencia de un consentimiento expreso o inequívoco para el tratamiento de los datos de los pacientes llevaría a una burocratización excesiva en el ámbito asistencial.

[12] La mayoría de las Comunidades Autónomas han ido aprobando Leyes de Salud o Leyes Sanitarias que regulan los tratamientos de datos sanitarios haciéndolos compatibles con el derecho a la intimidad. Así, la Comunidad de Madrid ha tratado de desarrollar legalmente estos derechos. Así, en la Ley 12/2001, de 21 de diciembre, de Ordenación Sanitaria de la Comunidad de Madrid —LOSCAM— establece como principios informadores de la organización y funcionamiento del Sistema Sanitario de la Comunidad de Madrid, la orientación al ciudadano como persona, su autonomía y la garantía de los derechos a la intimidad y a la protección de los datos de carácter personal —art. 26.1 LOSCAM—. Igualmente

El ejercicio del derecho a la oposición al tratamiento de datos personales no se encuentra expresamente regulado en la LOPD, salvo la mención indirecta del art. 6.5. No obstante, la oposición a los tratamientos de datos sanitarios no se produce en la práctica dada la finalidad de la actividad sanitaria. En todo caso, como señala Martín Casallo, de producirse dicha oposición, podría evidentemente ser rechazada en aplicación de un criterio de primacía del derecho a la vida frente al derecho a la intimidad [13].

En todo caso, hay que reconocer que la LOPD es confusa y representa un ejemplo de técnica legislativa deficiente, además de que no es fácilmente adaptable a las peculiaridades propias de la realidad asistencial. Así, el principio general de información expresa, precisa e inequívoca para el tratamiento de los datos personales —art. 5 LOPD— debe ser armonizado con las exigencias del normal funcionamiento de la actividad sanitaria, de manera que, como señalan los autores de este libro, no todos los actos asistenciales repetitivos o múltiples requieran la aplicación formal de este principio. En muchas ocasiones, la existencia de un fichero de datos personales o la finalidad de la información recabada se deduce claramente de la naturaleza de los datos personales que se solicitan o de las circunstancias en que se recaban. Como señalan los autores, en todo caso, el cumplimiento de este principio de información podría llevarse a efecto en el momento de la entrada en el sistema sanitario bajo diferentes formas —por ejemplo, en el momento de la obtención de la tarjeta individual sanitaria—, pero sería de muy difícil implantación, por no decir imposible, en cada uno de los actos sanitarios que se lleven a cabo con los pacientes o usuarios y que requieran un nuevo tratamiento de datos personales. Es necesario, por tanto, una regulación específica que adapte la

---

se afirma que «*el ciudadano tiene derecho a mantener su privacidad y a que se garantice la confidencialidad de sus datos sanitarios, de acuerdo a lo establecido en la legislación vigente*» —art. 27.3 LOSCAM—. Por último, se afirma que la autoridad sanitaria garantizará «el derecho a recibir información sanitaria por medio del desarrollo de redes de información sanitaria integrada de calidad, cumpliendo con todas las medidas que estén vigentes en materia de protección de datos de carácter personal y de identificación mediante firma digital avanzada» —art. 29.2b) LOSCAM—.

[13] Cfr. J. J. MARTÍN-CASALLO LÓPEZ, *Derechos de acceso, rectificación y cancelación de los datos sanitarios en la LOPD*, Actas del VII Congreso Nacional de Derecho Sanitario, Ed. Fund. Mapfre Medicina, 2001, pág. 58.

normativa general de protección de datos a la realidad sanitaria y que contemple también otras garantías frente al tratamiento de otros datos de salud derivados de la investigación genética, de los avances de la biotecnología y de la clonación terapéutica [14].

Muy recientemente, se ha aprobado la Ley 41/2002, de 14 de noviembre, básica reguladora de la autonomía del paciente y de derechos y obligaciones en materia de información y documentación clínica [15], que representa una regulación específica de los tratamientos de datos sanitarios que se materializan a través de los distintos documentos de información y documentación clínica [16]. La aprobación de esta norma viene a paliar parcialmente la posible insuficiencia de la LOPD para regular la problemática específica de los tratamientos de datos sanitarios.

La Ley 41/2002, de 14 de noviembre, desarrolla los principios de calidad, información, consentimiento y seguridad de los datos en el ámbito de la información y de la documentación clínica. Así, por una parte, se regula el principio de calidad de los datos en las historias clínicas, definiendo su contenido mínimo [17]. Pero, además, establece un deber nue-

[14] Cfr. J. M. ÁLVAREZ-CIENFUEGOS SUÁREZ. *La aplicación de la firma electrónica y la protección de datos relativos a la salud,* Revista Actualidad Informática Aranzadi, abril, 2001, pág. 4.

[15] Cfr. A. PUENTE ESCOBAR, *El tratamiento de los datos relativos a la salud. La ley 41/2002, de 15 de noviembre.* Revista Otrosí, núm. 50, 2003, págs. 76-82.

[16] Con anterioridad se había aprobado la Ley 21/2000, de 29 de diciembre, de la Comunidad Autónoma de Cataluña relativa al derecho a la información y a la consideración de las voluntades anticipadas. La Ley Catalana, que posiblemente no respetó la distribución constitucional de competencias, es reproducción de un anteproyecto anterior del Ministerio, en el que participaron un grupo de expertos. Cfr. el texto y un excelente comentario en D. MARTÍNEZ, *Información y documentación clínica: una propuesta de regulación básica,* Actualidad de Derecho Sanitario núm. 63, 2000, págs. 505-525.

[17] No obstante, muchas leyes autonómicas han aumentado este contenido mínimo. Cfr. la Ley 21/2000, de 29 de diciembre, de la Comunidad Autónoma de Cataluña, sobre los derechos de información relativos a la salud, la autonomía del paciente y la documentación clínica; la Ley 3/2001, de 28 de mayo, de la Comunidad Autónoma de Galicia, reguladora del consentimiento informado y de la historia clínica de los pacientes; la Ley 6/2002, de 15 de abril, de Salud de Aragón; la Ley Foral 11/2002, de 6 de mayo de Navarra, sobre los derechos del paciente a las voluntades anticipadas, a la información y a la documentación clínica; o la Ley 1/2003, de 28 de enero, de la Comunidad Autónoma de Valencia de derechos e información al paciente.

vo de tratamiento de datos por parte del facultativo. Así, el art. 15 señala que «la historia clínica incorporará la información que se considere trascendental para el conocimiento veraz y actualizado del estado de salud del paciente. Todo paciente tiene derecho a que quede constancia, por escrito o en soporte técnico más adecuado, de la información obtenida en todos sus procesos asistenciales realizados por el servicio de salud, tanto en el ámbito de la atención primaria como de la atención especializada» [18]. Igualmente, se resalta el principio de calidad y de seguridad al indicar que las Administraciones sanitarias «establecerán los mecanismos que garanticen la autenticidad del contenido de la historia clínica y de los cambios operados en ella, así como la posibilidad de su reproducción futura —art. 14.3—. Así, se establece en el art. 19 que el paciente tiene derecho a que los centros sanitarios establezcan un mecanismo de custodia activa y diligente de las historias clínicas. Si hasta ahora no existía certeza jurídica sobre cuándo las historias clínicas han dejado de ser necesarias o pertinentes o cuando pueden ser canceladas, esta Ley establece un plazo *básico* de custodia de las historias clínicas. Así, el art. 17 expresamente señala que los centros sanitarios están obligados a conservar la documentación clínica en condiciones que garanticen su correcto mantenimiento y seguridad, y como mínimo cinco años desde la fecha del alta de cada proceso asistencial [19].

La Ley 41/2002, de 14 de noviembre, regula el derecho de acceso a la historia clínica, del que es titular el paciente, y trata de poner fin a las denegaciones de este derecho. El art. 18 señala que el paciente tiene el derecho de acceso a la documentación de la historia clínica y a obtener una copia de los datos que figuran en ella. Esta obligación se extiende tanto al centro sanitario público como al centro sanitario privado. Su omisión es una lesión grave del derecho fundamental a la protección de los datos y justifica la apertura de un procedimiento contencioso admi-

[18] Cfr. J. SÁNCHEZ-CARO y F. ABELLÁN, *La Historia Clínica*, cit. págs. 11-12.

[19] No obstante, en el ámbito sanitario la cancelación de los datos sanitarios no está exenta de algunos inconvenientes derivados de la necesidad de conservar información para poder realizar estudios epidemiológicos y de salud pública. En este sentido, en el párrafo tercero del apartado 5, del artículo 4 de la LOPD, se dice lo siguiente: «Reglamentariamente se determinará el procedimiento por el que, por excepción, atendidos valores históricos, estadísticos o científicos de acuerdo con la legislación específica, se decida el mantenimiento íntegro de determinados datos».

nistrativo o un procedimiento civil preferente y sumario de tutela de los derechos fundamentales. Lógicamente, el derecho de acceso del paciente a la documentación de la historia clínica tiene como límite el derecho de terceras personas a la confidencialidad de los datos que hacen constar en ellas, recogidos en interés terapéutico del paciente; es decir, el derecho de acceso no puede ir en perjuicio de los derechos de los profesionales sanitarios, los cuales pueden negar el derecho de acceso a las anotaciones subjetivas —art. 18.3—. De esta forma, los datos aportados por terceros y las anotaciones personales del médico que no constituyan propiamente juicios clínicos no formarían parte de la historia clínica y no serían objeto del derecho de acceso. Esta Ley recoge así los principios de los textos internacionales y una jurisprudencia ya firme del Tribunal Supremo [20].

La Ley señala que «el titular del derecho a la información es el paciente» —art. 5—. Así, se indica que «toda persona tiene derecho a que se respete el carácter confidencial de los datos referentes a su salud, y a que nadie pueda acceder a ellos sin previa autorización amparada por la Ley». Sin embargo, se establece también qué personas pueden acceder a la información clínica del paciente, tratando de esta forma de resolver situaciones conflictivas. Por una parte, se reconoce que tienen acceso a la historia clínica los profesionales sanitarios del centro que realizan el diagnóstico o el tratamiento del paciente porque este acceso es instrumento fundamental para su adecuada asistencia —art. 16.1— [21]. Por otra, se regula el derecho de información y acceso de los familiares del paciente. Así, en relación con la información asistencial, se indica que serán informadas las personas vin-

[20] Esta excepción se encuentra recogida, por ejemplo, en la Declaración para la promoción de los derechos de los pacientes en Europa de 1994, en la Recomendación, de 13 de febrero de 1997, del Comité de Ministros del Consejo de Europa a los Estados miembros sobre protección de datos médicos y en el Convenio para la protección de los derechos humanos y la dignidad del ser humano con respecto a las aplicaciones de la biología y de la medicina, aprobado por el Comité de Ministros del Consejo de Europa y suscrito en Oviedo el 4 de abril de 1997. Los autores citan también el *caso GASKIN*, juzgado por el Tribunal Europeo de Derechos Humanos, sentencia de 7 de julio de 1989.

[21] En cambio, el personal de administración y gestión de los centros sanitarios sólo puede acceder a los datos de la historia clínica relacionados con sus propias funciones. El personal sanitario que ejerza funciones de inspección, evaluación, acreditación y planificación tiene acceso a las historias clínicas en el cumplimiento de sus funciones de comprobación de la calidad de la asistencia.

culadas a él, por razones familiares o de hecho, en la medida que el paciente lo permita de manera expresa o tácita [22]. En caso de fallecimiento del paciente, los centros sanitarios y los facultativos facilitarán el acceso a la historia clínica a las personas vinculadas a él por razones familiares o de hecho, salvo que el fallecido lo hubiese prohibido expresamente y así se acredite [23]. Por último, se regula el acceso a la historia clínica con fines judiciales, epidemiológicos, de salud pública, de investigación o de docencia. Inicialmente, el acceso a la historia clínica con estos fines debe ser disociado, lo que obliga a preservar los datos de identificación personal del paciente, separados de los de carácter clínico-asistencial. No obstante, se exceptúan los supuestos de investigación de la autoridad judicial en los que se considere imprescindible la unificación de los datos identificativos con los clínico-asistenciales, en los cuales se estará a lo que dispongan los jueces y tribunales en el proceso correspondiente —art. 16.3—. El acceso a los datos de los órganos judiciales está vinculado a otro derecho, el de tutela judicial efectiva —art. 24 CE—, que tiene el mismo nivel de derecho fundamental que el derecho a la intimidad. De hecho, el propio conocimiento de los Tribunales es la garantía de todos los derechos. El acceso a la historia clínica por parte de los órganos judiciales no plantea ningún inconveniente cuando se cuenta con la autorización del paciente. En el caso de que ésta no dé, el médico podría invocar el secreto profesional —art. 24.2 CE—. El problema es que este secreto profesional está en contradicción, no con la voluntad del órgano judicial sino con el derecho a la tutela judicial efectiva de otro ciudadano. Este conflicto entre el derecho a la intimidad y a la protección de los datos personales y el derecho a la tutela judicial efectiva debe ser valorado y resuelto por el juez, no por el médico. Es decir, no

[22] Cuando el paciente, según el criterio del médico que le asiste, carezca de capacidad para entender la información a causa de su estado físico o psíquico, la información se pondrá en conocimiento de las personas vinculadas a él por razones familiares o de hecho.

[23] Los autores de este libro estudian el acceso a la historia clínica por parte de parientes o familiares que hayan convivido con el paciente y que tengan la posibilidad de ser contagiados de la enfermedad que padeciera el difunto. Se trata de analizar si el médico debe revelar las circunstancias de la enfermedad a las personas referidas. El mismo problema se presenta con las enfermedades hereditarias. Como señalan los autores, la solución debe adoptarse a partir del principio de proporcionalidad y debe ponderar los bienes y valores en conflicto, incluido, desde luego, la gravedad de la enfermedad; en cualquier caso, el acceso de un tercero a la historia clínica, motivado por un riesgo para su salud, se limitará a los datos pertinentes.

le corresponde al médico valorar la solicitud judicial y la intimidad del paciente y decidir en consecuencia; la tutela de los derechos y la resolución de los conflictos está en el Estado de Derecho en manos de los jueces, única instancia independiente, inamovible, responsable y sometida únicamente al imperio de la Ley —art. 117 CE—.

Si bien es cierto que la legislación de protección de datos personales no se adapta plenamente a la realidad sanitaria, también es verdad que la LOPD admite la posibilidad de que los responsables de los ficheros y tratamientos puedan ampliar o adecuar la regulación de protección de datos a las peculiaridades del sector en el que operan, mediante la aprobación de unos Códigos Tipo. Estos establecen una serie criterios interpretativos de las disposiciones de la LOPD, dirigidas a implantar un régimen homogéneo de protección de datos de carácter personal entre los miembros de un sector [24]. No obstante, la adhesión al Código Tipo en ningún caso modifica el régimen de obligaciones establecido por la LOPD y por el resto de normativa vigente en materia de protección de datos [25]. Como ejemplos de Códigos Tipo para el sector sanitario que figuran inscritos en la Agencia Española de Protección de Datos, los autores analizan los promovidos a instancia de sendas agrupaciones empresariales de centros sanitarios catalanes, constituidas en 1977: el *Código Tipo de la Agrupación Catalana de Establecimientos Sanitarios (ACES)*, y el *Código Tipo de la Unión Catalana de Hospitales (UCH)* [26].

Tiene un particular interés el estudio de la protección de los datos genéticos de las personas. De entre los datos sobre la salud de las personas, los datos genéticos tienen que ser objeto de una especial protección porque contienen informaciones muy específicas no solo respecto del individuo en cuestión sino también sobre los miembros de su familia consanguínea. Si bien la *información genética primaria*, relativa a la especie

[24] Cfr. J. RUBÍ NAVARRETE. *Los códigos tipo: la alternativa de la autorregulación*, Actualidad Informática Aranzadi, núm. 35, 2000.

[25] Cfr. *Memoria de la Agencia Española de Protección de Datos 2002*.

[26] La Agrupación Catalana de Establecimientos Sanitarios (ACES) es una asociación privada sin ánimo de lucro, integrada por centros y establecimientos sanitarios privados de la Comunidad Autónoma de Cataluña; la Unión Catalana de Hospitales (UCH), es también en una asociación empresarial voluntaria de entidades prestadoras de asistencia sanitaria, sociosanitaria y social y de otras entidades proveedoras de bienes y servicios a aquéllas, cuyo ámbito de actuación se limita igualmente a Cataluña.

humana como tal, pertenece al dominio público y no permite una identificación del individuo, la *información genética secundaria* identifica plenamente a la persona y a las patologías que le afectan o le pueden afectar. Se habla así de *identidad genética,* que sería la dimensión individual de la información genética y que se correspondería con la constitución genética de la persona (su ADN); de *individualidad genética,* asociada a la dimensión familiar de la información y que se traduciría en la expresión fenotípica de la persona con sus propensiones, predisposiciones y factores de riesgo; y por último, de la *integridad genética,* que abarcaría los aspectos sociales de la genética humana y en la que sería necesario articular mecanismos contra la discriminación [27].

Los datos genéticos reflejan la individualidad de la persona y aportan una información de su salud pasada, presente y futura, siendo el máximo exponente de la medicina predictiva y preventiva. Sin embargo, el tratamiento de los datos genéticos es susceptible de generar importantes repercusiones en el estilo de vida de los individuos e, incluso, puede condicionar sus opciones reproductivas o puede permitir la aparición de criterios de «normalidad genética». Son muchos los riesgos inherentes a un recurso inadecuado a la información genética. A primera vista, el principal riesgo es la posible vulneración del derecho a la intimidad —art. 18.1 CE—, en su dimensión de intimidad genética, que ha sido definida como el derecho a determinar las condiciones de acceso a la información genética [28]. Además, como describe Rodríguez Seoane, un tratamiento indebido de los datos genéticos puede representar una vulneración de la libertad personal —art. 17.1 CE— y del libre desarrollo de la personalidad —art. 10.1 CE—, ya que supone una pérdida o minoración de la capacidad de autodeterminación de los individuos [29]. Además, el tratamiento

[27] Cfr. J. RODRÍGUEZ-DRINCOURT ALVAREZ. *Genoma Humano y Constitución,* Civitas, Madrid, 2002, págs 37 y 122. Sobre esta cuestión, cfr. también J. BLÁZQUEZ RUIZ, *Derechos Humanos y Proyecto Genoma,* Comares-MSC, Granada, 1999, págs. 51-63 y 141-171.

[28] Cfr. C. RUIZ MIGUEL, *La nueva frontera del derecho a la intimidad.* Revista Derecho y Genoma Humano núm. 14, 2001, págs. 147-167.

[29] Rodríguez- Seoane describe tres riesgos: el *reduccionismo* o interpretación de la realidad humana únicamente con base en la información genética, lo que simplifica erróneamente la complejidad de la vida humana al apostar únicamente por entenderla a partir de una de sus muchas dimensiones como es la información genética, pero descartando otras tan importantes o más como el factor ambiental, cultural, social, etc; el *determinismo,* que

indebido de la información genética puede afectar al principio de igualdad de oportunidades —art. 14 CE— ya que el conocimiento de las predisposiciones genéticas de un individuo podría llegar a producir discriminaciones en el ámbito social o laboral [30].

Estas Declaraciones establecen el principio de consentimiento informado del interesado para la obtención de sus datos genéticos y también para cruzar datos genéticos y proteómicos [34]. Además, estos datos no pueden utilizarse con una finalidad distinta que sea incompatible con el consentimiento original, a menos que se haya obtenido un nuevo consentimiento,

---

consiste en aceptar que el comportamiento humano está determinado por los genes, convirtiendo en certeza científica lo que no es sino un conocimiento parcial o probabilístico; y, consecuencia de los dos factores anteriores, el riesgo de *estigmatización y discriminación* por las características genéticas, que den lugar a una marginación de ciertos grupos de ciudadanos. Cfr. J. A. Rodríguez Seoane, *De la intimidad genética al derecho a la protección de datos genéticos. La protección iusfundamental de los datos genéticos en el Derecho español (A propósito de las SSTC 290/2000 y 292/2000, de 30 de noviembre).* Revista Derecho y Genoma Humano núm. 17, 2002, págs. 152-154.

[30] Los autores también señalan la vulneración del derecho a la dignidad e integridad de las personas —art. 15 CE—, frente a las posibilidades de modificar el patrimonio biológico de las mismas, distinguiendo dos principios de distinta naturaleza: la dignidad humana como principio colectivo y la dignidad humana como principio individual.

[31] Aprobada por la XXIX Comisión de la Conferencia General de la UNESCO, en París, el 11 de noviembre de 1997, y por Resolución de la Asamblea General de Naciones Unidas, de 10 de diciembre de 1998.

[32] El art. 7 de la citada Declaración donde se dice que «*Se deberá proteger en las condiciones estipuladas por ley la confidencialidad de los datos genéticos asociados con una persona identificable, conservados o tratados con fines de investigación o cualquier otra finalidad*».

[33] *Declaración Internacional sobre los Datos Genéticos Humanos,* aprobada por la XXXII reunión de la Conferencia General, concluida en París el 16 de octubre de 2003. Existe también una *Propuesta de Resolución del Parlamento Europeo sobre las repercusiones sociales, jurídicas, éticas y económicas de la genética humana,* de 24 de julio de 2001, elaborada por la *Comisión Temporal sobre Genética Humana y Otras Nuevas Tecnologías de la Medicina Moderna.*

[34] Así se dice que para recolectar datos genéticos humanos, datos proteómicos humanos o muestras biológicas, sea o no invasivo el procedimiento utilizado, y para su ulterior tratamiento, utilización y conservación, ya sean públicas o privadas las instituciones que se ocupen de ello, debería obtenerse el consentimiento previo, libre, informado y expreso de la persona interesada. Además, se indica que no se habrá de influir en la decisión mediante incentivos económicos u otros beneficios personales.

o que el derecho interno disponga que la utilización propuesta responde a motivos importantes de interés público. Así, cualquier regulación sobre el uso y acceso a la información genética debe partir de la previa necesidad de obtener el consentimiento del afectado. No obstante, este consentimiento no será en muchas ocasiones suficiente. En situaciones de desempleo, como señalan los autores, es conocida la predisposición a aceptar cualquier tipo de condición para obtener un trabajo, prestándose este consentimiento por necesidades materiales y no por el ejercicio de la libertad personal. Como señalan los autores, se debe limitar al máximo la posibilidad de recurrir a los datos genéticos en el ámbito laboral y de las compañías de seguros para realizar evaluaciones prospectivas de las personas, como garantía del principio de igualdad y de la supresión de toda discriminación. «Reducir las posibilidades de cualquier persona para contratar un seguro de vida o enfermedad podría dar lugar a una organización social que clasificara a los individuos en función de su predisposición genética, estableciendo jerarquías sociales con arreglo a dicho criterio, lo que a la postre supondría una reducción de la ciudadanía y la negación del derecho fundamental a la salud». Por ello, la investigación y el consejo genético se encuentran justificados principalmente en el ámbito médico para la determinación de una enfermedad genética existente —finalidad diagnóstica—, del hecho de ser portador de un gen responsable de una enfermedad o de tener predisposición o susceptibilidad genética a una enfermedad[35].

[35] Cfr. C. Romeo Casabona, *El tratamiento y la protección de los datos genéticos*, en F. Mayor Zaragoza y C. Alonso Bédate, *Gen-Ética*, Ariel, Barcelona, 2003, pág. 247. Los autores plantean diversos supuestos de colisión de deberes, en los que el médico tiene por delante dos obligaciones contrapuestas y diferentes que se le presentan al mismo tiempo. Este sería el caso de un paciente que exija el deber de confidencialidad respecto de una enfermedad genética con tratamiento posible y, al mismo tiempo, esa enfermedad pueda afectar a otro paciente suyo, por ser familiar consanguíneo del anterior, a quien el facultativo debe preservar también la salud. La opción del médico por respetar uno de los dos deberes referidos supondrá de forma inevitable la lesión del otro, por lo que tendrá que valorar con esmero la mayor relevancia de uno u otro. Así, destacan como en ocasiones con motivo de la realización de análisis genéticos a una pareja que desea tener descendencia se descubren patologías insospechadas o falsas atribuciones de paternidad respecto de un hijo previo. Esta situación plantea el dilema ético para el facultativo de si debe informar o no de esos hallazgos a los miembros de la pareja, aún cuando se trate de una información que no le ha sido requerida por aquéllos y pueda afectar a la unidad familiar. En particular, al descubrirse la presencia del gen en un individuo, hay que preguntarse si procede comunicar dicha información a sus parientes, a fin de que puedan hacer uso de la misma a efectos diagnósticos, preventivos, terapéuticos, o de otro orden.

También debe limitarse la utilización de datos genéticos para evitar que los criterios de justicia social sean desvirtuados. Hasta ahora las desigualdades naturales eran consideradas producto del azar. Si en el futuro está en nuestro poder el prevenir lo que ahora consideramos la desgracia de una constitución enfermiza —un sistema inmune débil— o el padecimiento de una enfermedad degenerativa como puede ser la demencia de Alzheimer, quizá ya no la podamos considerar una desgracia sino que lleguemos a la conclusión de que la persona que sufre estas discapacidades, bien por falta de información a sus progenitores, bien por falta de posibilidades de acceso de estos últimos al consejo genético, es objeto de una injusticia.

Estas son algunas reflexiones que se encuentran en el libro de Javier Sánchez-Caro y Fernando Abellán *Datos de salud y datos genéticos. Su protección en la Unión Europea y en España*. Si toda labor investigadora tiene que tener necesariamente una finalidad social, este libro cumple sobradamente esta dimensión.

Antonio TRONCOSO REIGADA
Director de la Agencia de Protección de Datos
de la Comunidad de Madrid

I

LA PROTECCIÓN DE LOS DATOS PERSONALES EN LA UNIÓN EUROPEA. PRINCIPIOS INSPIRADORES [1]

La *«Carta de los Derechos Fundamentales de la Unión Europea»*, proclamada en diciembre de 2000, dedica expresamente un precepto a la protección de datos de carácter personal, configurándolo como un derecho de toda persona respecto de los datos de dicho carácter que la conciernan y estableciendo, además, que los mismos habrán de tratarse de modo leal, para fines concretos y sobre la base del consentimiento de la persona afectada o en virtud de otro fundamento legítimo que prevea la ley [2].

Los antecedentes de declaraciones internacionales en materia de protección de datos son numerosos [3], si bien, dentro del ámbito europeo, la nor-

[1] Este capítulo aprovecha en gran medida el Capítulo IV del trabajo *Telemedicina y Protección de Datos Sanitarios*, JAVIER SÁNCHEZ-CARO y FERNANDO ABELLÁN. Fund. Salud 2000 y Editorial Comares, 2001.

[2] *Carta de los Derechos Fundamentales de la Unión Europea*, proclamada por el Parlamento Europeo, el Consejo y la Comisión, y hecha en Niza, el 7 de diciembre de 2000 (Diario Oficial de las Comunidades Europeas, de 18 de diciembre de 2000. C 364). Se trata del art. 8, incardinado en el Capítulo II denominado *Libertades*, y cuyo tenor literal es el siguiente: *«Protección de datos de carácter personal. 1. Toda persona tiene derecho a la protección de los datos de carácter personal que la conciernan. 2. Estos datos se tratarán de modo leal, para fines concretos y sobre la base del consentimiento de la persona afectada o en virtud de otro fundamento legítimo previsto por la ley. Toda persona tiene derecho a acceder a los datos recogidos que la conciernan y a su rectificación. 3. El respeto de estas normas quedará sujeto al control de una autoridad independiente».*

[3] V. PILAR JIMÉNEZ RIUS, Letrada del Tribunal de Cuentas, *Revista Actualidad Administrativa* (La Ley) núm. 26, semana 25 junio al 1 julio de 2001, artículo *Antecedentes legislativos de la nueva Ley Orgánica de Protección de Datos Personales*; págs. 965 a 1.003. La citada autora alude a los siguientes antecedentes:

a) Declaración Universal de los Derechos Humanos adoptada y proclamada por la 183.ª Asamblea General de la ONU, el 10 de diciembre de 1948 (arts. 12 y 19).

b) Pacto Internacional de Derechos Civiles y Políticos hecho en Nueva York, el 19 de diciembre de 1966 (arts. 17.1 y 17.2).

c) Convenio para la Protección de los Derechos Humanos y de las Libertades Fundamentales realizado en Roma el 14 de noviembre de 1950 (arts. 8.1 y 8.2).

d) Resolución 509, de 1968, de la Asamblea del Consejo de Europa, sobre los derechos humanos y los nuevos logros científicos y técnicos.

e) Resoluciones del Consejo de Europa de 1973 y 1974, relativas, la primera, a la protección de las personas respecto a los bancos de datos electrónicos en el sector privado, y la segunda, a la protección de las personas respecto a los bancos electrónicos en el sector público.

f) Recomendaciones del Consejo de Europa relativas a la protección de datos personales, entre las que destaca en materia sanitaria la Recomendación R(97)5, de 13 de febrero, relativa a la protección de datos sanitarios.

g) Recomendaciones de la Organización para la Cooperación y Desarrollo de Europa (OCDE), de las que destacan la relativa a la circulación internacional de datos personales para la protección de la intimidad (septiembre 80); y la relativa a la seguridad de los sistemas de información (noviembre 92).

h) Convenio 108, de 28 de enero de 1981, del Consejo de Europa, relativo a la protección de las personas con respecto al tratamiento automatizado de datos de carácter personal.

i) Recomendación 81/679/CEE, de la Comisión, de 29 de julio de 1981, relativa al Convenio del Consejo de Europa sobre la protección de las personas con respecto al tratamiento automatizado de datos de carácter personal.

j) Recomendación de la ONU relativa al tratamiento automatizado de datos personales, de 14 de diciembre de 1990.

k) Tratado de la Unión Europea. Artículo 6 modificado por el Tratado de Ámsterdam en 1997.

l) Directiva 95/46/CEE, del Parlamento Europeo y del Consejo de Europa, de 24 de octubre de 1995, relativa a la protección de personas físicas con relación al tratamiento de datos personales y a la libre circulación de estos datos.

m) Directiva 97/66/CEE, del Parlamento y del Consejo de Europa, de 15 de diciembre de 1997, relativa al tratamiento de datos personales y a la protección de la intimidad en el sector de las telecomunicaciones.

n) Directiva 2002/58/CE del Parlamento Europeo y del Consejo, de 12 de julio de 2002, relativa al tratamiento de los datos personales y a la protección de la intimidad en el sector de las comunicaciones electrónicas.

ñ) Tratado Constitutivo de la Comunidad Europea. Artículo 286 introducido por el Tratado de Ámsterdam.

o) Propuesta (4) de Reglamento del Parlamento Europeo y del Consejo de Europa sobre la protección de personas físicas en lo que respecta al tratamiento de datos personales por las Instituciones y Organismos de la Comunidad Europea y sobre la libre circulación de estos datos (14 de julio de 1999).

p) Carta de los Derechos Fundamentales de la Unión Europea, de diciembre de 2000 (art. 8).

ma de referencia es la directiva comunitaria del año 1995, dedicada a la protección de las personas físicas en lo que respecta al tratamiento de datos personales y a la libre circulación de los mismos [4]. De la citada norma podrían extraerse los siguientes principios en materia de tratamiento y protección de datos:

I.1. Principio de limitación de objetivos

Los datos deben recogerse con un objetivo específico y posteriormente tratarse o transferirse únicamente en la medida en que no sea incompatible con la finalidad de su obtención [5].

No obstante, pueden establecerse excepciones a la norma anterior para la salvaguardia de la seguridad del Estado, la defensa, la seguridad pública, la prevención, la investigación, la detección y la represión de infracciones penales o de las infracciones de la deontología en las profesiones reglamentadas. También se citan como excepciones la preservación de un interés económico y financiero importante de un Estado miembro de la Unión Europea (incluidos los asuntos monetarios, presupuestarios y fiscales), una función de control o reglamentaria relacionada, aunque sólo sea ocasionalmente, con el ejercicio de la autoridad pública, y la protección del interesado o de los derechos y libertades de otras personas [6].

[4] Directiva 95/46/CE, antes citada.

[5] V. Art. 6.1, b) de la citada Directiva donde se dice que los Estados miembros dispondrán que los datos personales sean «*recogidos con fines determinados, explícitos y legítimos, y no sean tratados posteriormente de manera incompatible con dichos fines; no se considerará incompatible el tratamiento posterior de datos con fines históricos, estadísticos o científicos, siempre y cuando los Estados miembros establezcan las garantías oportunas*».

[6] Estas excepciones se detallan en el art. 13.1 de la Directiva mencionada.

I.2. Principio de proporcionalidad y de calidad de los datos

Los datos deben ser adecuados, pertinentes y no excesivos con relación a los fines para los que se recaben y para los que se traten posteriormente. Además, tienen que ser exactos y, cuando se precise, actualizados [7].

I.3. Principio de transparencia

Es obligado informar a los interesados sobre el objetivo del tratamiento, sobre la identidad del responsable del mismo y, en su caso, de su representante, y sobre cualquier otro elemento preciso para garantizar un trato leal [8].

El principio de transparencia conlleva la existencia de unos derechos de acceso, rectificación y oposición, que se concretan en el derecho del interesado a obtener una copia de todos los datos relativos a su persona, en el derecho a que se rectifiquen aquellos datos personales que resulten ser inexactos, y en el derecho, en determinadas situaciones, a oponerse al tratamiento de los mismos [9]. Lógicamente, con las excepciones referidas más arriba al tratar sobre el principio de limitación de objetivos.

Por lo que se refiere al derecho de acceso, el Tribunal Europeo de Derechos Humanos tuvo ocasión de pronunciarse en el *caso del Sr. Gaskin*, quien, con el fin de instrumentar una reclamación de daños y perjuicios por

[7] V. Art. 6.1, c) y d) de la misma Directiva, donde también se manifiesta que *«deberán tomarse las medidas razonables para que los datos inexactos o incompletos, con respecto a los fines para los que fueron recogidos o para los que fueron tratados posteriormente, sean suprimidos o rectificados»*.

[8] Ver también art. 10 de la Directiva, en cuyo apartado c), se indica que habrá de informarse también de lo siguiente: *«los destinatarios o las categorías de destinatarios de los datos, – el carácter obligatorio o no de la respuesta y las consecuencias que tendría para la persona interesada una negativa a responder, la existencia de derechos de acceso y rectificación de los datos que la conciernen, en la medida en que, habida cuenta de las circunstancias específicas en que se obtengan los datos, dicha información suplementaria resulte necesaria para garantizar un tratamiento de datos leal respecto del interesado»*.

[9] V. Arts. 12, 13 y 14 de la Directiva.

supuestos malos tratos durante el tiempo en que fue menor de edad y estuvo acogido en hogares familiares, solicitó al Ayuntamiento de Liverpool el examen de su expediente de acogida infantil en el que había datos sobre su persona facilitados por médicos, maestros, trabajadores sociales, las propias familias de ayuda, policía, vecinos, etc.

Frente a la negativa de la Autoridad Local y de los tribunales británicos sobre la base de la confidencialidad, el Sr. Gaskin recurrió al Tribunal Europeo que se pronunció en el sentido de considerar que cualquier sistema público debía garantizar el interés del individuo de tener acceso a los expedientes relativos a su vida privada y familiar cuando quien puede proporcionar los datos no está accesible o se niega infundadamente a consentir su conocimiento. En este sentido, el Tribunal adujo que el sistema sólo es conforme con el principio de proporcionalidad si prevé una autoridad independiente que pueda decidir en esos casos [10].

[10] Tribunal Europeo de Derechos Humanos, Sentencia de 7 de julio de 1989. El caso en cuestión hace referencia a un niño (el después demandante Sr. Gaskin) que estuvo sometido a la tutela municipal durante su minoría de edad siendo acogido en diversos hogares familiares, abriendo a este fin el Ayuntamiento un expediente administrativo al que se aportaron en su día datos e informes sobre su persona para facilitar la tarea de quienes le iban a cuidar y, en definitiva, para protegerle. En principio, resultaba difícil negar el derecho de acceso que pretendía, pero era comprensible también que pudiera haber razones de confidencialidad, por supuesto excepcionales, para dicha negativa, que fueron las acogidas por el Ayuntamiento para apartarse de la regla general favorable al acceso que parecía clara. Y ello porque en el expediente había documentos reservados (entre otros, y por lo que interesa, su historial médico), aportados con ese carácter y con la condición de no darse a conocer sin el consentimiento de sus autores. Incluso era admisible, tal y como se alegó, que si no se respetaba ese secreto podría resentirse en el futuro la eficacia de estos expedientes, que en definitiva se abren y continúan en interés de la propia infancia.

Para nuestros efectos, interesa recoger lo que dijo el Tribunal sobre el particular (*Boletín de Jurisprudencia Constitucional*, núm. 131, marzo 1992, págs. 127 y ss): «*Las personas que estén en la situación del demandante tienen un interés primordial, protegido por el Convenio, en recibir las informaciones necesarias para conocer y comprender su infancia, aunque es muy importante, y se debe tener en cuenta, el carácter reservado de estos expedientes, incluso para proteger a terceros. En principio, un sistema que condicione el acceso al consentimiento de los informantes es compatible con el artículo 8 del Convenio; sin embargo, cuando no se consigue entrar en relación con ellos o cuando nieguen sin motivo su conformidad, hay que proteger al que pretende consultar los antecedentes sobre su vida privada y familiar. Hace falta que exista un órgano independiente, que en dichos supuestos pueda resolver la cuestión*».

I.4. Principio de confidencialidad y seguridad del tratamiento

El responsable del tratamiento tiene obligación de tomar las medidas técnicas y organizativas que sean necesarias para conseguir un nivel de seguridad adecuado que evite los riesgos del tratamiento, es decir, que permita la protección de los datos personales contra la destrucción accidental o ilícita, la pérdida accidental y contra la alteración, la difusión o el acceso no autorizados (en particular cuando el tratamiento incluya la transmisión de datos dentro de una red), y contra cualquier otro tratamiento ilícito de los datos personales.

En este sentido, las personas que actúen bajo la autoridad del responsable o encargado del tratamiento, incluido este último, no deben tratar los datos salvo por instrucción del responsable del tratamiento [11].

En el caso enjuiciado el Tribunal falló a favor del Sr. Gaskin, en el sentido de que se había violado el artículo 8 del Convenio de Roma. Bien es verdad que lo que se apreció por el Tribunal fue un defecto de organización y procedimiento más que una infracción de fondo.

[11] V. Art. 16 de la Directiva, y también el art. 25.1 de la misma, donde se dice que *«los Estados miembros dispondrán que la transferencia a un país tercero de los datos personales que sean objeto de tratamiento o destinados a ser objeto de tratamiento con posterioridad a su transferencia, únicamente pueda efectuarse cuando, sin perjuicio del cumplimiento de las disposiciones de Derecho nacional adoptadas con arreglo a las demás disposiciones de la presente Directiva, el país tercero de que se trate garantice un nivel de protección adecuado».*

II
LA PROTECCIÓN DE LOS DATOS PERSONALES EN LA CONSTITUCIÓN ESPAÑOLA

II.1. CONFIGURACIÓN HISTÓRICA DEL DERECHO FUNDAMENTAL A LA PROTECCIÓN DE DATOS PERSONALES

Tradicionalmente la protección de los datos personales ha venido estando vinculada al derecho fundamental a la intimidad personal y familiar. De esa forma aparece recogido en diversas normas internacionales y nacionales que lo configuran como un derecho singular que emerge como facultad de autodeterminación de la persona frente al desarrollo de la informática y la telemática, que van a permitir la recogida masiva de datos de los individuos y su tratamiento[12].

En el ámbito europeo hay que remontarse al Convenio 108 del Consejo de Europa, relativo a la protección de las personas con respecto al tratamiento automatizado de datos de carácter personal, de 28 de enero de 1981[13], cuyo objeto es garantizar a cualquier persona física su derecho a la vida privada en relación el citado tratamiento.

Este Convenio internacional, así como los avances de los trabajos de la reiterada Directiva europea del año 1995, sobre protección de las personas

[12] V. JUAN MANUEL FERNÁNDEZ LÓPEZ. Magistrado y ex-director de la Agencia de Protección de Datos, en su artículo titulado *El derecho fundamental a la protección de los datos personales. Obligaciones que derivan para el personal sanitario.* Revista de derecho y salud. Extraordinario XI Congreso Derecho y Salud. Asociación Juristas de la Salud, Volumen 11, Mayo 2003. Pamplona.

[13] Firmado por España el 28 de enero de 1982 y ratificado el 27 de enero de 1984.

físicas con relación al tratamiento de datos personales y a la libre circulación de los mismos, dieron lugar a la ley española de protección de datos de 1992 (conocida como la LORTAD) [14], que desarrolló por primera vez el mandato constitucional que proclama que 'la ley limitará el uso de la informática para garantizar el honor y la intimidad personal y familiar de los ciudadanos y el pleno ejercicio de sus derechos' [15].

Finalmente, la obligada transposición a nuestro derecho interno de la mencionada Directiva europea de 1995 condujo a la promulgación en España de la Ley Orgánica de Protección de Datos de Carácter Personal de 1999 (en adelante LOPD) [16].

Al mismo tiempo, el Tribunal Constitucional, en su labor interpretadora del referido precepto de la Carta Magna, ha pasado de unos pronunciamientos iniciales que lo hacían aparecer como un mero derecho de carácter instrumental, a modo de garantía y presupuesto de la protección de otros derechos, a resoluciones posteriores en las que se configura como un nuevo derecho o libertad fundamental de carácter autónomo e independiente respecto del derecho a la intimidad personal y familiar, dirigido a hacer frente a las potenciales agresiones a la dignidad y a la libertad de la persona provenientes de un uso ilegítimo del tratamiento mecanizado de datos [17]. De esta forma, se habla del *derecho a la autodeterminación informativa* y de

[14] Ley Orgánica 5/1992, de 29 de octubre, de regulación del tratamiento automatizado de datos de carácter personal.

[15] V. Art. 18.4 de la Constitución Española de 1978, que establece que *«la ley limitará el uso de la informática para garantizar el honor y la intimidad personal y familiar de los ciudadanos y el pleno ejercicio de sus derechos»*.

[16] Ley Orgánica 15/1999, de 13 de diciembre, de Protección de Datos de Carácter Personal.

[17] Juan Manuel Fernández López en su citado artículo manifiesta que la doctrina del Tribunal Constitucional arranca con la Sentencia 254/1993, de 20 de julio, a la que va a seguir la Sentencia 143/1994, de 9 de mayo, constituyendo ambas las únicas referencias hasta la Sentencia 11/1998, a la que seguirán otras 18 más basadas en supuestos similares de hechos y con idénticos fallos. Finalmente, la jurisprudencia del Alto Tribunal sobre esta materia se completa con las Sentencias 202/1999, de 8 de noviembre, la 290/2000, de 30 de noviembre y la 292/2000, de la misma fecha.

la *libertad informática* como términos conceptuales que definen la verdadera naturaleza de la protección de datos personales [18].

A mayor abundamiento sobre esta cuestión, el Tribunal Constitucional, en la Sentencia de noviembre de 2000 que resolvió el Recurso de Inconstitucionalidad contra la LOPD, manifestó que la garantía de la vida privada de la persona y de su reputación poseen hoy una dimensión positiva que excede el ámbito propio del derecho fundamental a la intimidad, y que se traduce en un derecho de control sobre los datos relativos a la propia persona. La llamada «libertad informática» es así el derecho a controlar el uso de los mismos datos insertos en un programa informático (lo que conforma el denominado «habeas data») [19].

[18] V. ALBERTO ANDÉREZ GONZÁLEZ (Asesor Jurídico del Gobierno de Navarra y Letrado de la Administración de la Seguridad Social), en *Informe Seis – La Seguridad y confidencialidad de la información clínica.* capítulo *Aspectos legales de la seguridad y confidencialidad en la información clínica.* Sociedad Española de Información de la Salud. Pamplona, 2000, pág. 159. El citado autor se hace eco del debate doctrinal en torno a si el precepto citado configura un derecho fundamental distinto al propio derecho a la intimidad personal y familiar (consagrado en el apartado 1 del mismo artículo), o si por el contrario dicho precepto se limita a la afirmación de un derecho de carácter instrumental o accesorio respecto del derecho a la intimidad y demás derechos fundamentales, derecho que vendría delimitado por el propio legislador ordinario (se trataría así de un derecho de configuración legal) a través del establecimiento de los límites impuestos a la utilización de la informática como modo de contribuir a la garantía de aquellos derechos fundamentales.

[19] Sentencia del Tribunal Constitucional 292/2000, de 30 de noviembre. Esta sentencia resolvió el Recurso de Inconstitucionalidad interpuesto por el Defensor del Pueblo contra algunos incisos de los artículos 21.1 y 24.1 y 24.2, de la Ley Orgánica 15/1999, de 13 de diciembre, de Protección de Datos de Carácter Personal.

Las consecuencias de esta sentencia son, de un lado, y respecto de la cesión de datos entre las Administraciones Públicas prevista en el art. 21.1, que restringe dicha posibilidad al ejercicio de las mismas competencias o al tratamiento posterior con fines históricos, estadísticos o científicos. En consecuencia, fuera de las excepciones contempladas con carácter general en el art. 11.2 LOPD y de las específicas del art. 21.1 y 21.2 del mismo texto, será siempre necesario el consentimiento de las personas afectadas por los datos para que las Administraciones Públicas puedan cederse los datos entre sí, salvo que expresamente lo excepcione una norma con rango de ley. Por otro lado, con la declaración de inconstitucionalidad de los incisos del apartado 1 del art. 24, lo que se desprende es que el derecho de información al ciudadano reconocido en el art. 5.1 y 2, únicamente podrá ser

II.2. El derecho fundamental a la intimidad y el derecho fundamental a la protección de datos. Dos conceptos distintos

II.2.1. Contenidos diferentes de ambos derechos

Podríamos hablar, por tanto, por un lado, de un derecho fundamental a la intimidad personal y familiar [20] y, por otro lado, de un derecho fundamental a la protección de datos [21]. La diferencia entre ambos sería que mientras el primero está dirigido a proteger a la persona frente a cualquier invasión que pueda realizarse en el ámbito de su vida personal y familiar (que la misma desee excluir del conocimiento ajeno y de las intromisiones de terceros en contra de su voluntad) [22], el segundo persigue garantizar a esa

---

excepcionado por las Administraciones Públicas, cuando dicha información pueda afectar a la Defensa Nacional, a la seguridad pública, o a la persecución de una infracción de tipo penal. Finalmente, se suprime todo el apartado 2 del art. 24, por lo que las únicas excepciones específicas que las Administraciones Públicas podrán alegar para el ejercicio de los derechos de acceso, rectificación y cancelación por los ciudadanos, serán las reguladas en el art. 23 (peligro para la defensa del Estado o la seguridad pública, protección de los derechos de terceros, investigaciones, cumplimiento de obligaciones tributarias).

Con relación a este asunto de las excepciones consideramos que el Tribunal Constitucional no niega en realidad la posibilidad de que haya de hacerse en algún momento una ponderación de los bienes o derechos en juego, sino que niega que dicha ponderación pueda hacerse por la Administración con una cláusula tan genérica como la que se preveía en el citado apartado 2 del art. 24 de la LOPD (mediante una mera resolución motivada). No obstante, entendemos que ha de tenerse en cuenta la dificultad de articular en una Ley los presupuestos y condiciones de la restricción en cada caso posible. Por esta razón, el riesgo de la sentencia, en nuestra opinión, es abocar al legislador a un casuismo de difícil descripción, pues no hay nada tan complejo como captar o aprehender una realidad multiforme y variopinta. Ver artículo de Javier Sánchez-Caro, *Ley de Protección de Datos e innovaciones tecnológicas farmacéuticas. Revista de Administración Sanitaria.* Volumen V, Núm. 19, julio-septiembre 2001 (págs. 141 a 143).

[20] Art. 18.1 de la Constitución Española, donde *«se garantiza el derecho al honor, a la intimidad personal y familiar y a la propia imagen»*.

[21] Art. 18.4, también de la Carta Magna, anteriormente reproducido.

[22] Se trataría del *«poder jurídico de imponer a terceros el deber de abstenerse de toda intromisión en la esfera íntima de la persona y la prohibición de hacer uso de lo así conocido»* (Ver Sentencias del Tribunal Constitucional 73/1982, de 2 de diciembre; 110/1984, de 26 de noviembre; 89/1987, de 3 de junio; 231/1988, de 2 de diciembre; 197/1991, de 17 de octubre; 134/1999, de 15 de julio, 144/1999, de 22 de julio; y 115/2000, de 10 de mayo).

persona un poder de control o disposición sobre sus datos personales, sobre su uso y destino, con el propósito de impedir su tráfico ilícito y lesivo para su dignidad y derecho [23].

Al mismo tiempo, este poder de control, característico del derecho fundamental a la protección de datos, consiste en atribuir a su titular un haz de facultades jurídicas para imponer a terceros la realización u omisión de determinados comportamientos (obligación de informar sobre los datos, rectificación de los mismos, cancelación, etc.).

La concreción jurídica de este poder de control o disposición consistiría, fundamentalmente, en el ejercicio de las cinco facultades siguientes [24]:

1. La facultad de consentir la recogida, la obtención y el acceso a los datos personales.
2. La facultad de consentir su posterior almacenamiento y tratamiento.
3. La facultad de consentir su uso o usos posibles por un tercero, sea el Estado o un particular.
4. La facultad de saber en todo momento quién dispone de esos datos personales y a qué uso los está sometiendo.
5. Y la facultad de poder oponerse a esa posesión y usos, requiriendo a quien corresponda que ponga fin a la posesión y empleo de los da-

[23] MIGUEL ÁNGEL DAVARA RODRÍGUEZ distingue entre *«datos públicos»* (conocidos por cualquiera) y *«datos privados»* (conocidos por voluntad del titular o en circunstancias especiales y tasadas por las leyes). Los datos privados los divide en *«íntimos»* (el titular debe proporcionarlos regularmente en cumplimiento de sus obligaciones cívicas) y *«secretos»* (el titular no está obligado a proporcionarlos salvo casos excepcionales). Asimismo, los datos secretos, también llamados sensibles, los subdivide en *«secretos profundos»* y *«secretos reservados»*, siendo estos últimos los únicos que quedan reservados en todas las ocasiones y ante cualquier circunstancia. *Manual de Derecho Informático*. Ed. Aranzadi. (3.ª ed. Septiembre 2001) págs 50 a 53.

[24] Sentencia del Tribunal Constitucional 292/2000, de 30 de noviembre (fundamento jurídico séptimo).

tos, previa exigencia de que le informe de qué datos posee sobre su persona y qué destino han tenido. Esta facultad alcanza también a la posibilidad de exigir que los datos sean rectificados o cancelados.

II.2.2. **Distinto objeto de protección**

También por razón del distinto objeto de protección podemos encontrar diferencias entre ambos derechos, ya que, siguiendo al Tribunal Constitucional, el objeto de tutela del derecho fundamental a la protección de datos no se reduce sólo a los datos íntimos de la persona, sino a cualquier tipo de dato personal, sea o no íntimo, cuyo conocimiento o empleo por terceros pueda afectar a sus derechos, sean o no fundamentales, y ello precisamente porque su objeto no es sólo la intimidad [25].

Matiza incluso el citado Tribunal que los datos amparados por el derecho fundamental a la protección de datos son «todos aquellos que identifiquen o permitan la identificación de la persona, pudiendo servir para la confección de su perfil ideológico, racial, sexual, económico o de cualquier otra índole, o que sirvan para cualquier otra utilidad que en determinadas circunstancias constituya una amenaza para el individuo».

Evidentemente, los datos relativos a la salud de la persona deben entenderse comprendidos dentro del paraguas de protección de este derecho, aún en el caso de que, en algunos supuestos, pudiera considerarse que su conocimiento o difusión no afectara realmente a la vida privada o íntima de la persona en cuestión, y ello por la razón antes comentada de que la protección de los datos de carácter personal no se detiene exclusivamente en los datos de carácter íntimo, sino que va mas allá abarcando a todos los de carácter personal que identifiquen o permitan identificar a la persona.

[25] Sentencia del Tribunal Constitucional 292/2000, de 30 de noviembre. Continúa el Tribunal afirmando que *«el derecho fundamental a la protección de datos alcanza a aquellos datos personales públicos, que por el hecho de serlo, de ser accesibles al conocimiento de cualquiera, no escapan al poder de disposición del afectado porque así lo garantiza su derecho a la protección de datos»*.

II.2.3. Límites del derecho fundamental a la protección de datos de carácter personal

Lógicamente, los límites al citado derecho han de venir dictados por la coexistencia del mismo con otros derechos y bienes jurídicos de rango constitucional.

En este sentido, el Tribunal Constitucional cita en su mencionada Sentencia de noviembre de 2000 [26], la seguridad y defensa del Estado, la persecución y castigo del delito, la intimidad de las personas, e incluso la distribución equitativa del sostenimiento del gasto público y las actividades de control en materia tributaria [27].

[26] V. Fundamento jurídico noveno de la citada Sentencia.

[27] Sentencias del Tribunal Constitucional 110/1984 y 143/1994.

III
LA PROTECCIÓN DE LOS DATOS SOBRE LA SALUD DE LAS PERSONAS. ASPECTOS GENERALES

III.1. CONCEPTO DE DATOS SANITARIOS

En cuanto a qué debe entenderse por datos relativos a la salud, y siguiendo al profesor MURILLO DE LA CUEVA [28], la citada expresión abarcaría tanto a los datos de carácter médico como a aquellos otros que guarden relación con la salud.

Quedarían comprendidos, por tanto, todos aquellos datos que tienen que ver con el cuerpo humano, como la sexualidad, la raza, el código genético; y, además, los antecedentes familiares, los hábitos de vida, de alimentación y consumo, así como las enfermedades actuales, pasadas o futuras previsibles, bien sean de tipo físico o psíquico; e, incluso, las informaciones relativas al abuso de alcohol o al consumo de drogas [29]. En definitiva, abarca-

[28] PABLO LUCAS MURILLO DE LA CUEVA, catedrático de Derecho Constitucional. Ver su ponencia sobre *La publicidad de los archivos judiciales y la confidencialidad de los datos sanitarios*, dentro del VII Congreso Nacional de Derecho Sanitario, organizado por la Asociación Española de Derecho Sanitario. Madrid, octubre de 2000. Ed. Fund. Mapfre Medicina, 2001 (pág. 81).

[29] V. Apartado 45 de la Memoria Explicativa del *Convenio 108 del Consejo de Europa, de 28 de enero de 1981, para la protección de las personas con respecto al tratamiento automatizado de los datos de carácter personal*, hecho en Estrasburgo y ratificado por España el 27 de enero de 1984. En dicho apartado se definen los datos de carácter personal relativos a la salud como *«las informaciones concernientes a la salud pasada, presente y futu-*

ría todos los datos que de alguna forma se refieran a la salud tanto de individuos con buena salud, enfermos o fallecidos [30].

Igualmente, deben considerarse expresamente incluidos dentro del concepto de los datos de salud de las personas, los datos psicológicos y referentes a la salud mental [31], bien deriven expresamente de historiales médicos (de un determinado tratamiento psicológico o psiquiátrico), bien provengan de encuestas, y en este último supuesto por considerar que, en cualquier caso, se trata de datos referentes a la salud de las personas, que conciernen directamente a su salud mental o se encuentran estrechamente relacionados con esta última [32].

En este mismo sentido amplio del término que estamos comentando, el *Tribunal de Justicia de las Comunidades Europeas*, interpretando la Directiva europea sobre protección de datos [33], tiene manifestado que la expresión 'datos relativos a la salud' contenida en la misma, comprende la infor-

---

ra, física o mental de un individuo», pudiendo tratarse de informaciones sobre un individuo de buena salud, enfermo o fallecido. Añade el citado apartado 45 que *«debe entenderse que estos datos comprenden igualmente las informaciones relativas al abuso del alcohol o al consumo de drogas»*.

Y también, Recomendación R (97) 5, del Comité de Ministros del Consejo de Europa a los Estados miembros relativa a la protección de los datos médicos, en la que se afirma que *«la expresión datos médicos hace referencia a todos los datos de carácter personal relativos a la salud de una persona. Afecta igualmente a los datos manifiesta y estrechamente relacionados con la salud, así como a las informaciones genéticas»*.

[30] Recomendación R (81) I, referida a la reglamentación aplicable a los bancos de datos médicos automatizados.

[31] La Recomendación R (91) 15, del Comité de Ministros del Consejo de Europa, en materia de estudios epidemiológicos en el ámbito de la salud mental, hace hincapié en la necesidad de establecer las garantías necesarias para la protección de los datos referentes a este tipo de trastornos.

[32] V. Memoria de 1999, de la Agencia Española de Protección de Datos (aptdo. 3.2.5.3 sobre *Naturaleza de los datos psicológicos a efectos de su tratamiento*).

[33] *Directiva 95/46/CE del Parlamento y del Consejo, de 24 de octubre de 1995, relativa a la protección de las personas físicas en lo que respecta al tratamiento de datos personales y a la libre circulación de estos datos.*

mación relativa a todos los aspectos, tanto físicos como psíquicos, de la salud de una persona [34].

Los datos de la salud tienen, además, la consideración de datos sujetos a un régimen especial de protección, de tal forma que no pueden tratarse automáticamente a menos que el derecho interno prevea garantías adecuadas [35].

Aunque fuera del ámbito europeo que aquí tratamos, resulta de interés también mencionar lo recogido al respecto por la ley de confidencialidad de los datos sanitarios estadounidense [36], que contempla un concepto de datos sanitarios muy amplio, que abarca incluso los aspectos económicos relacionados con la prestación de la asistencia sanitaria.

De esta forma, en la citada ley se definen los datos sanitarios como toda información, bien oral, bien grabada en cualquier forma o medio que haya sido creada o recibida por un proveedor de servicios de salud, plan de salud, autoridad pública de salud, empresario, compañía de seguros de vida, escuela o universidad, o entidad encargada del tratamiento de datos de salud; que se refiera a la salud física o mental, o a alguna circunstancia de la salud de una persona en el pasado, presente o futuro; a la provisión de cuidados de salud personales; o al pago de los servicios de salud que hubiera realizado una persona en el pasado, que se lleve a cabo en el presente o vaya a realizarse en el futuro.

[34] V. el caso de la Sra. Lindqvist (asunto C-101/01) fallado mediante Sentencia de fecha 6 de noviembre de 2003, que se comenta más adelante en esta obra. En lo que aquí concierne, el Tribunal fue consultado sobre si la indicación de que una persona se hubiera lesionado un pie y estuviera en situación de baja parcial constituía un dato personal relativo a la salud en el sentido del artículo 8, apartado 1, de la Directiva, pronunciándose el Tribunal de forma afirmativa.

[35] V. Art. 8 de la Directiva 95/46/CE.

También art. 6 del citado Convenio 108 del Consejo de Europa.

[36] *Standars for Privacy of Individually Identifiable Health Information*, del Department of Health and Human Service, ley vigente en Estados Unidos de América desde primeros de 2001.

Siguiendo al magistrado COLLADO GARCÍA-LAJARA [37] puede distinguirse entre datos médicos y datos genéticos. Los primeros serían los que hacen referencia a todos los datos de carácter personal relativos a la salud de una persona, afectando igualmente a los datos manifiesta y estrechamente relacionados con la salud. Y los segundos, a los que nos referiremos expresamente más adelante, serían los datos de cualquier tipo relacionados con los caracteres hereditarios de un individuo o que, vinculados a los mismos, compongan el patrimonio de un grupo de individuos emparentados; y todos los datos relativos a intercambios de información genética (genes) de un individuo o línea genética, con relación a cualquier aspecto de la salud o de una enfermedad, constituyan o no un carácter identificable.

III.2. ESTATUS DE LOS DATOS SANITARIOS EN EL ÁMBITO EUROPEO

Conforme expone el *Grupo Europeo de Ética de la Ciencia y de las Nuevas Tecnologías* [38], en su dictamen para la Comisión Europea, de 30 de julio de 1999, bajo la rúbrica *Principios Éticos de la Sanidad en la Sociedad de la Información* [39], los datos sobre la salud personal afectan a la identidad y a la vida privada de los individuos y son, por ello, extremadamente

[37] ENRIQUE COLLADO GARCÍA-LAJARA, *Protección de datos de carácter personal (legislación, comentarios, concordancias y jurisprudencia)*, Ed. Comares. Granada 2000, pág. 25.

[38] Se trata de un organismo independiente formado por doce miembros que asesora al Consejo, Comisión y Parlamento europeos proporcionando dictámenes éticos sobre proyectos susceptibles de recibir financiación comunitaria.

[39] *Ethical issues and healthcare in the information society. Opinion of the european group of ethics in science and new technologies to the European Commission.* 30 de julio de 1999. Para este grupo los principios de la Convención Europea de Derechos Humanos, las reglas de la Convención del Consejo de Europa para la protección de los individuos con relación al tratamiento automatizado de datos personales y, especialmente, la Directiva Europea 95/46/EC, para la protección de los datos personales, son fuentes esenciales a tener en cuenta a la hora de tratar los aspectos éticos de la salud en la Sociedad de la Información.

Además, el Grupo de Expertos considera deseable la promulgación de una Directiva específica sobre protección de datos médicos, dentro del marco de la actual Directiva sobre protección de datos personales, para tratar las cuestiones particulares que se derivan del uso de datos sobre la salud en la Sociedad de la Información.

sensibles. Consecuentemente, el estatus de estos datos está estrechamente ligado a su condición de elementos que conforman la personalidad, no debiendo ser tratados como meros objetos de transacción comercial.

Por este motivo, su recogida y proceso debe estar presidida por el principio de uso legítimo, en el sentido de que la recogida y manejo de los datos sobre la salud debe obedecer estrictamente al propósito legítimo que justifique su utilización (que será normalmente la protección de la salud), sin que en ningún caso terceras personas puedan tener acceso directo a los mismos.

III.2.1. **Valores en conflicto**

Ahondando sobre esta cuestión debe decirse que para el citado Grupo Europeo las innovaciones tecnológicas en la sanidad conllevan siempre una serie de valores en conflicto:

1. *Efectividad versus confidencialidad*: la necesidad de los profesionales de conocer y compartir los datos personales de la salud del paciente, en orden a procurarle unos cuidados de calidad, crea una situación de secreto compartido que puede comprometer la confidencialidad de dichos datos.

2. *Intimidad versus beneficio social (solidaridad)*: la preservación a ultranza de la intimidad puede estar enfrentada con ciertos beneficios colectivos (investigación, mejora de la administración y planificación, prevención, etc.) que favorecen a la larga a la comunidad.

3. *Control de calidad versus autonomía profesional*: algunos profesionales entienden que los controles de calidad (protocolos, guías clínicas, pautas clínicas, etc.) pueden a la postre restringir o disminuir la autonomía profesional.

4. *Eficiencia versus beneficencia (hacer el bien)*: la beneficencia indica que hay que dar el mejor cuidado posible a cada paciente, pero este objetivo puede resultar muy caro e irrealizable. En un contex-

to de recursos limitados, dar a unos pacientes cuidados muy caros podría privar a otros pacientes de cuidados mucho más básicos y necesarios; el segundo mejor tratamiento puede ser, a veces, el más apropiado.

III.2.2. **Principio éticos**

Además, en este documento del citado Grupo Europeo se enuncian los siguientes principios éticos a tener en cuenta a la hora de hablar de los conflictos de valores citados [40]:

1. *Dignidad Humana*: como fundamento de las condiciones para la intimidad, confidencialidad y secreto médico.

2. *Autonomía*: como fundamento de las condiciones para la autodeterminación y participación.

3. *Justicia*: como fundamento de las condiciones para una distribución equitativa de recursos limitados.

4. *Beneficencia y no maleficencia*: como fundamento para procurar anticipar beneficios frente a riesgos previsibles.

5. *Solidaridad*: como fundamento del derecho de cada uno a la protección de su salud, con especial atención a los grupos más vulnerables de la sociedad.

La autonomía de los pacientes frente a la obtención de sus datos sobre la salud, la confidencialidad de estos últimos y la seguridad en la transmisión electrónica de los mismos de un sitio a otro, son cuestiones esenciales a la hora de tratar del estatus de los datos sobre la salud, que el mencionado Grupo Europeo aborda con profusión.

[40] Ver apartado 1.5.3 (*Ethical principles*), del documento referido.

III.2.3. La autonomía de los pacientes frente a la obtención de sus datos sobre la salud

En el dictamen aludido del Grupo Europeo de Ética se enuncian cuatro principios a tener en cuenta en materia de autonomía de las personas con respecto a los datos sobre su salud [41]:

1. *Prioridad de la obtención a través del propio interesado.* Siempre que resulte posible los datos sobre la salud de los ciudadanos deben obtenerse directamente de estos últimos.

2. *Control de los datos por el afectado.* La autonomía incluye el derecho de los ciudadanos a conocer y a determinar qué datos personales sobre su salud se van a recoger y registrar, y a conocer quién los va a utilizar y para qué propósitos, y también su derecho a que se corrijan los citados datos cuando sea necesario.

3. *Derecho de oposición al uso de datos personales.* Los ciudadanos tienen derecho a oponerse al uso de sus datos para otras finalidades no establecidas por ley.

4. *Necesidad de justificar los usos sociales de los datos.* El uso de los datos personales sobre la salud para finalidades que puedan beneficiar al conjunto de la sociedad debe estar justificado en el contexto de los derechos que se acaban de referir más arriba.

III.2.4. Confidencialidad de los datos sobre la salud

El Convenio sobre Derechos Humanos y Biomedicina (conocido también como Convenio de Oviedo) de 1997 [42], relativo a los derechos huma-

[41] Ver apartado 2.3 (*Self-determination*), del mismo documento.

[42] V. Art. 10.1, del citado Convenio, de aplicación directa en España desde el primero de enero de 2000 (publicado el Instrumento de ratificación en el B.O.E. núm. 251, de 20 de octubre de 1999).

nos y la biomedicina, proclama el derecho de toda persona a que se respete su vida privada cuando se trate de informaciones relativas a la salud.

Asimismo, con relación al problema de la confidencialidad de los datos sobre la salud, el *Grupo Europeo de Ética de la Ciencia y de las Nuevas Tecnologías* en su mencionado dictamen establece los siguientes postulados [43]:

1 *Consentimiento Informado.* El respeto a la vida privada, como Derecho Humano, requiere que la confidencialidad de los datos sobre la salud personal esté garantizada en todo momento. Esto conlleva también que, en principio, es obligado obtener el consentimiento informado del paciente para la recogida y cesión de dichos datos.

2. *Fijación de límites de acceso a la información.* La obtención y acceso a los datos sobre la salud personal está restringida a los facultativos que realizan el tratamiento médico y a aquellas terceras personas (facultativos que no realizan el tratamiento, personal sanitario y social, personal de administración, etc.) que puedan demostrar un uso legítimo.

3. *Ámbito, extensión e importancia del secreto médico.* Todos los usuarios legítimos de los datos personales sobre la salud tienen una obligación de confidencialidad equivalente a la obligación profesional del secreto médico. Las excepciones a esta obligación deben limitarse y establecerse por normas legales.

El secreto médico es una cuestión central para la confianza y estimación del sistema de salud, no sólo para el interés particular de cada persona. La confianza es un valor ético fundamental por si mismo.

Asimismo, no debe olvidarse que el respeto por la confidencialidad de los datos sobre la salud continúa después de la muerte de la persona afectada.

[43] Ver apartado 2.2 (*Confidenciality/privacy*), del documento referido.

Por otro lado, debe significarse que, como consecuencia de la incidencia de la Directiva europea sobre protección de datos [44], se ha producido una ampliación de los sujetos tradicionales con obligación de confidencialidad en el campo de los datos sobre la salud, en cuanto que dicha obligación se hace recaer en cualquier persona física o jurídica que tenga acceso a la información del paciente. En definitiva, además de afectar al médico y a las personas de su equipo, tanto sanitarios como personal de administración, incumbirá también al responsable y/o encargado del tratamiento de los datos, y al proveedor del servicio de telecomunicaciones que comparte la información.

III.2.5. **La seguridad en la transmisión de los datos sobre la salud**

Como indicábamos al principio, al abordar el *Grupo Europeo de Ética de la Ciencia y de las Nuevas Tecnologías* el estatus de los datos sanitarios, éste hacía hincapié en su condición de elementos de la personalidad del individuo, descartando que pudieran ser tratados como meros objetos de transacción comercial.

Pues bien, la citada naturaleza de los datos sobre la salud conlleva realizar importantes esfuerzos en materia de seguridad para evitar que los mismos puedan utilizarse indebidamente. En este sentido, el dictamen del Grupo referido manifiesta al respecto lo siguiente [45]:

1. *La seguridad como imperativo ético.* La seguridad en la información y en las comunicaciones por medios telemáticos, por lo que se refiere a los datos sobre la salud, es un imperativo ético para garantizar el respeto a los derechos humanos y libertades del individuo, en particular la confidencialidad de sus datos y su confianza en la

[44] La ya mencionada Directiva 95/46/CE del Parlamento Europeo y del Consejo, de 24 de octubre de 1995, relativa a la protección de las personas físicas en lo que respecta al tratamiento de datos personales y a la libre circulación de estos datos (Transpuesta a nuestro derecho interno en virtud de la Ley Orgánica 15/1999, de 13 de diciembre, de Protección de Datos de carácter Personal).

[45] Ver apartado 2.6 (*Security*).

utilización para fines médicos de los citados sistemas de información y comunicación.

2. *Encriptación y redes cerradas.* El respeto a la seguridad requiere el uso de tecnología de encriptación apropiada, el empleo de redes cerradas para la transmisión de los datos personales de la salud y medidas organizativas para mantener la seguridad [46].

3. *Respeto a los estándares de seguridad europea.* Debido a la importancia de la seguridad de los datos personales sobre la salud, los estándares de seguridad europea deberían observarse en cualquier lugar en donde se pudiera producir una transferencia electrónica de datos identificables.

4. *Control de los sistemas de información.* Si consideramos que la medicina es un campo ético seguro, los sistemas de información y comunicación por medios telemáticos deben ser rigurosamente controlados.

Como afirma PETRA WILSON [47], cuando el médico utiliza herramientas telemáticas tiene que asegurar al paciente que el medio que emplea, o por el que transmite a otro la información sobre el tratamiento, es seguro frente a quienes pudieran desear interceptar la comunicación.

Sobre esta cuestión la mencionada autora PETRA WILSON [48] considera que resulta de especial utilidad el mecanismo de la firma electrónica, en cuanto herramienta adecuada para asegurar la confidencialidad, integridad

[46] Como indica el prof. Dr. ALAIN POMPIDOU (miembro del Parlamento Europeo y Presidente del Gabinete Asesor de las Opciones Científicas y Tecnológicas), cuando viaja por la red la información del paciente, ésta debe mantenerse en el anonimato debiéndose asegurar los mecanismos necesarios para tal fin, incluyendo la encriptación. V. prólogo de la obra *Telemedicina* de OLGA FERRER-ROCA; Ed. Panamericana, Mayo 2001 (págs. V y VI).

[47] PETRA WILSON. *An overview of legal issues in European Telemedicine.* Octubre 1998 (pág. 3).

[48] *Ibídem* (pág. 4).

y autenticidad en la transmisión de los datos sobre la salud, que permite además verificar la autoría del documento que se transmite y que dicho documento no ha sido alterado.

La firma electrónica es un mecanismo para conseguir, en redes informáticas abiertas, la seguridad de la identidad del sujeto que emite un mensaje y la integridad del contenido del mismo (es decir, que éste no ha sido modificado)[49].

[49] V. Directiva 1999/93/CE, del Parlamento Europeo y del Consejo, de 13 de diciembre de 1999, por la que se establece un marco comunitario para la firma electrónica.

IV

LA PROTECCIÓN DE LOS DATOS PERSONALES SOBRE LA SALUD EN EL DERECHO ESPAÑOL. INCIDENCIA DE LA LEY 41/2002, BÁSICA DE AUTONOMÍA DEL PACIENTE

No existe actualmente en el Derecho Español una norma sanitaria específica que aborde las peculiaridades del tratamiento de los datos personales sobre la salud, por lo que se hace necesario poner en relación la legislación sanitaria general con la propia Constitución [50], la doctrina del Tribunal Constitucional y diversas disposiciones contenidas en las normas generales sobre tratamiento de datos personales, fundamentalmente la ley sobre protección de datos personales [51] y el reglamento de medidas de seguridad [52].

[50] V. Art. 18.4 de la Constitución Española anteriormente citado y jurisprudencia del Tribunal Constitucional, que ha creado «ex novo» el derecho fundamental a la protección de datos.

[51] Como ya se expuso, ley Orgánica 15/1999, de 13 de diciembre, de Protección de Datos de Carácter Personal (LOPD). Además, hay que mencionar la Ley 8/2001, de 13 de julio, de Protección de Datos de Carácter Personal en la Comunidad de Madrid y el Decreto 67/2003, de 22 de mayo, por el que se aprueba el reglamento de desarrollo de la Agencia de Protección de Datos de la Comunidad de Madrid, de tutela de derechos y de control de ficheros de datos de carácter personal. Por último, la Ley Catalana de 19 de abril de 2002 (Ley 5/2002, de 19 de abril, de creación de la Agencia Catalana de Protección de datos) y el Decreto 48/2003, de 20 de febrero, por el que se aprueba el Estatuto de la Agencia Catalana de Protección de Datos.

[52] Real Decreto 994/1999, de 11 de junio, por el que se aprueba el Reglamento de medidas de seguridad de los ficheros automatizados que contengan datos de carácter personal.

Otras normas de interés son el Real Decreto 1.332/1994, de 20 de junio; y la Ley 59/2003, de 19 de diciembre, de firma electrónica.

Dentro de las leyes sanitarias genéricas podríamos destacar, quizás, el precepto de la ley general de sanidad [53] que establece que todos tienen derecho a la confidencialidad de toda la información relacionada con su proceso y con su estancia en las instituciones sanitarias públicas y privadas que colaboren con el sistema público; y también aquél que prescribe que las Administraciones Sanitarias, para la consecución de sus objetivos relacionados con la salud individual y colectiva, y de acuerdo con sus competencias, crearán los registros y elaborarán los análisis de información necesarios para el conocimiento de las distintas situaciones de las que puedan derivarse acciones de intervención de la autoridad sanitaria [54]. Además, hay que hacer referencia a la Ley básica reguladora de la autonomía del paciente [55]. Finalmente, puede citarse el precepto del Convenio de Oviedo de 1997 [56], relativo a los derechos humanos y la biomedicina, que proclama el derecho de toda persona a que se respete su vida privada cuando se trate de informaciones relativas a su salud.

IV.1. Principios básicos de la Ley de protección de datos (LOPD) aplicados al mundo sanitario [57]

Como establece esta norma en su primer artículo, la misma tiene por objeto garantizar y proteger, en lo que concierne al tratamiento de los da-

[53] V. Art. 10.3 de la Ley 14/1986, de 25 de abril, General de Sanidad.

[54] Art. 23 de la misma ley.

Igualmente, puede citarse el art. 1 de la Ley Orgánica 3/1986, de 14 de abril, sobre Medidas Especiales en materia de salud pública, donde se prevé que, al objeto de proteger la salud pública y prevenir su pérdida o deterioro, las autoridades sanitarias de las distintas Administraciones Públicas podrán, dentro del ámbito de sus competencias, adoptar las medidas previstas en la Ley cuando así lo exijan razones sanitarias de urgencia o necesidad (reconocimiento, tratamiento, hospitalización o control de enfermos).

[55] Ley 41/2002, de 14 de noviembre, básica reguladora de la autonomía del paciente y de derechos y obligaciones en materia de información y documentación clínica.

[56] V. Art. 10.1 del citado Convenio.

[57] La ley Orgánica 15/1999 (en adelante LOPD), es la trasposición a nuestro Derecho de la Directiva 95/46/CEE, sobre protección de datos y libre circulación de los mismos y tiene su antecedente inmediato en la Ley Orgánica 5/1992 sobre la regulación del tratamiento automatizado de datos de carácter personal (conocida como LORTAD).

tos personales, las libertades públicas y los derechos fundamentales de las personas físicas, y especialmente su honor e intimidad personal y familiar.

El objeto de aplicación de la ley está constituido por los datos de carácter personal registrados en soporte físico (no necesariamente en ficheros automatizados) que los haga susceptibles de tratamiento, y a toda modalidad de uso posterior de estos datos por los sectores público y privado [58].

Se prevén igualmente mecanismos de protección frente a las actuaciones contrarias a la ley, que pueden ser objeto de reclamación por los interesados ante la Agencia Española de Protección de Datos (lo que puede dar lugar a un expediente administrativo sancionador) [59], sin perjuicio también del derecho de aquellos a percibir una indemnización en los casos en que el incumplimiento de la ley les hubiera originado daño o lesión en sus bienes o derechos (vía civil) [60].

La ley contiene una serie de principios básicos que determinan una correcta protección de los datos y constituyen al mismo tiempo una garantía de los ciudadanos.

Los citados principios pueden estructurarse de la siguiente forma [61]:

[58] V. Art. 2.1 de la LOPD y 2.2.a), donde se excluye de la aplicación de la ley a los ficheros mantenidos por personas físicas en el ejercicio de actividades exclusivamente personales o domésticas. Respecto a los ficheros manuales, como es el caso de la mayoría de las historias clínicas, debe tenerse en cuenta que la Disposición adicional primera de la ley confiere un plazo de 12 años, a contar desde el 24 de octubre de 1995, (es decir, hasta el 24 de octubre de 2007) para su adecuación a la citada norma (deberán automatizarse), sin perjuicio del ejercicio de los derechos de acceso, rectificación y cancelación por parte de los afectados.

Ver también, MAR MARTÍNEZ SÁNCHEZ , en su ponencia *La Ley Orgánica* 15/1999, *de 13 de diciembre y la inscripción de ficheros (archivos del profesional sanitario)*, expuesta en el VII Congreso Nacional de Derecho Sanitario, celebrado en Madrid, en octubre de 2000. La citada autora manifiesta que estarían excluidos de los principios de protección de la Ley el tratamiento de datos efectuados por una persona física en el ejercicio de actividades exclusivamente personales o domésticas, como por ejemplo la correspondencia y la llevanza de un repertorio de direcciones. Ed. Fund. Mapfre Medicina, 2001 (pág. 92).

[59] Art. 18 LOPD.

[60] Art. 19 LOPD.

[61] V. *Cuaderno sobre protección de datos*, suplemento julio 2001 de la revista OTROSÍ, editada por el Ilustre Colegio de Abogados de Madrid.

IV.1.1. **Principio de información en la recogida de los datos** [62]

El titular del fichero tiene la obligación de informar al afectado cuando se recaban los datos, de manera tal que este último pueda conocer esencialmente quién, cómo y para qué se tratan sus datos [63].

De forma expresa debe informar de la posibilidad de ejercitar los derechos de acceso, rectificación, cancelación y oposición [64].

[62] V. Art. 5 de la norma referida.

En sintonía con este precepto, la *Ley 8/2001, de 13 de julio, de Protección de Datos de Carácter Personal en la Comunidad de Madrid*, en su art. 6, y bajo la rúbrica *Derecho de información en la recogida de datos de carácter personal*, dice lo siguiente: *«Los interesados cuyos datos personales sean objeto de tratamiento deberán ser previamente informados de modo expreso, preciso e inequívoco de los extremos señalados en el artículo 5 de la Ley Orgánica 15/1999, de 13 de diciembre, en la forma y condiciones establecidas en ese mismo artículo»*.

Por su parte, el art. 5 de la Ley 5/2002, de 19 de abril, de la Agencia Catalana de Protección de Datos dispone lo siguiente: *«1. Corresponden a la Agencia Catalana de Protección de Datos las funciones siguientes: a) velar por el cumplimiento de la legislación vigente sobre protección de datos de carácter personal y controlar su aplicación, especialmente en lo que se refiere a los derechos de información, acceso, rectificación, cancelación y oposición»*; y en su apartado e) dice lo siguiente: *«proporcionar información sobre los derechos de las personas en materia de tratamiento de datos personales»*.

[63] Esto supone que el interesado debe ser informado con carácter previo al tratamiento de sus datos y de modo expreso, preciso e inequívoco de los siguientes extremos (art. 5.1 LOPD):

«a) De la existencia de un fichero o tratamiento de datos de carácter personal, de la finalidad de la recogida de éstos y de los destinatarios de la información.

b) Del carácter obligatorio o facultativo de su respuesta a las preguntas que les sean planteadas.

c) De las consecuencias de la obtención de los datos o de la negativa a suministrarlos.

d) De la posibilidad de ejercitar los derechos de acceso, rectificación, cancelación y oposición.

e) De la identidad y dirección del responsable del tratamiento o, en su caso, de su representante».

[64] V. Apartado d), del citado art. 5.1 de la LOPD.

Persiste también el derecho de información a favor del interesado aún en el caso de que sus datos no se obtengan directamente de él, salvo en los supuestos en que una ley prevea lo contrario [65].

IV.1.2. **Principio de consentimiento del interesado** [66]

La norma general en materia de protección de datos es que debe obtenerse el consentimiento inequívoco del afectado para que se recojan sus datos, salvo en casos excepcionales previstos en la ley [67].

Debe significarse, además, que el consentimiento puede ser revocado, siempre que exista una causa que lo justifique y siempre que no se atribuyan efectos retroactivos a dicha revocación [68].

[65] Conforme previene el art. 5.4 de la LOPD, si los datos no se recaban directamente del propio interesado, y salvo que la ley disponga otra cosa o hubiera sido informado con anterioridad, aquél deberá ser informado de la misma forma que en el caso anterior (y dentro del plazo de los tres meses siguientes a la recogida de los datos) de los siguientes extremos:

«a) Del contenido del tratamiento.

b) De la procedencia de los datos.

c) De lo indicado en las letras a), d) y e) del aptdo. 5.1.».

[66] V. Art. 6 de la citada LOPD.

[67] El art. 3 apartado h) define el consentimiento del interesado como toda manifestación de voluntad, libre, inequívoca, específica e informada mediante la que el interesado consienta el tratamiento de datos personales que le conciernen. Además, el art. 6.1 de la LOPD establece la excepción consistente en que una ley disponga otra cosa; y el art. 6.2 del mismo texto legal indica lo siguiente: *«No será preciso el consentimiento cuando los datos de carácter personal se recojan para el ejercicio de las funciones propias de las Administraciones públicas en el ámbito de sus competencias; cuando se refieran a las partes de un contrato o precontrato de una relación negocial, laboral o administrativa y sean necesarios para su mantenimiento o cumplimiento; cuando el tratamiento de los datos tenga por finalidad proteger un interés vital del interesado en los términos de artículo 7, apartado 6, de la presente Ley, o cuando los datos figuren en fuentes accesibles a público y su tratamiento sea necesario para la satisfacción del interés legítimo perseguido por el responsable del fichero o por el del tercero a quien se comuniquen los datos, siempre que no se vulneren los derechos y libertades fundamentales del interesado».*

[68] V. Art. 6.3 de la LOPD.

Por lo que se refiere a los datos sobre la salud, para analizar la necesidad de recabar el consentimiento del paciente deben distinguirse dos supuestos:

IV.1.2.1. *Obtención y tratamiento de los datos sobre la salud*

Con relación a estos datos la ley exige que el afectado consienta expresamente el hecho de que los mismos puedan ser recabados, tratados y cedidos, salvo que, por razones de interés general, lo disponga una ley [69]. Pero, además, la norma contempla otras dos excepciones a la exigencia del consentimiento en el caso de los datos sanitarios, que son las siguientes:

La primera permite el tratamiento de los citados datos cuando el mismo resulte necesario para la prevención o para el diagnóstico médicos, la prestación de asistencia sanitaria o tratamientos médicos o la gestión de servicios sanitarios, siempre que dicho tratamiento de datos se realice por un profesional sanitario sujeto al secreto profesional o por otra persona sujeta asimismo a una obligación equivalente de secreto [70].

Suscita dificultades determinar quien es esa «otra persona sujeta asimismo a una obligación equivalente de secreto» [71], ya que en el Derecho español no es pacífica la cuestión relativa a cuales son las actividades respecto de las que cabe afirmar un deber de secreto profesional en sentido estricto. Ha de tenerse en cuenta, sin embargo, que la ley de autonomía del paciente autoriza el acceso a la historia clínica a determinado personal sanitario

[69] V. Art. 7.3 de la citada ley.

[70] V. Art. 7.6 de mismo texto legal. Con relación a los incapaces se dice también en el párrafo segundo de este apartado lo siguiente: *«También podrán ser objeto de tratamiento los datos a que se refiere el párrafo anterior cuando el tratamiento sea necesario para salvaguardar el interés vital del afectado o de otra persona, en el supuesto de que el afectado esté física o jurídicamente incapacitado para dar su consentimiento».*

[71] ALBERTO ANDEREZ GONZÁLEZ. *Informe Seis-La Seguridad y confidencialidad de la información clínica. Capítulo Aspectos legales de la seguridad y confidencialidad en la información clínica.* Sociedad Española de Información de la Salud. Pamplona, 2000, pág. 167 y 168.

por razones distintas del diagnóstico o del tratamiento, e, incluso, al personal administrativo de gestión en razón a sus específicas funciones [72].

Sin embargo, resulta más difícil la interpretación correcta del primer requisito, esto es, el relativo a la necesidad del tratamiento de los datos. Sobre este particular la interpretación de la Agencia Española de Protección de Datos, con motivo de resolver expedientes sancionadores, así como la de la Audiencia Nacional (al revisar la resoluciones de la Agencia) consiste en entender que, si no existe una norma que establezca la mencionada necesidad del tratamiento de los datos, debe acreditarse la misma por quien la alegue para prescindir del consentimiento del interesado. Otra interpretación vaciaría, se dice, de contenido la exigencia general de consentimiento o habilitación legal, sobre todo si se tiene en cuenta que estamos en presencia del derecho fundamental a la protección de los datos personales y que tanto el legislador comunitario como el nacional consideran a los datos relativos a la salud como especialmente protegidos [73].

La segunda excepción deriva de la necesidad de habilitar a las Administraciones públicas en el correcto ejercicio de sus funciones y competencias [74], pero también a los centros sanitarios privados, pues la citada excepción del consentimiento afecta tanto a las Instituciones y centros sanitarios públicos como

[72] El artículo 16 de la ley básica reguladora de la autonomía del paciente y de derechos y obligaciones en materia de información y documentación clínica, dispone lo siguiente en los puntos 4, 5 y 6 del mismo:

«*4. El personal de administración y gestión de los centros sanitarios sólo puede acceder a los datos de la historia clínica relacionados con sus propias funciones.*

5. El personal sanitario debidamente acreditado que ejerza funciones de inspección, evaluación, acreditación y planificación, tiene acceso a las historias clínicas en el cumplimiento de sus funciones de comprobación de la calidad de la asistencia, del respeto de los derechos del paciente o cualquier otra obligación del centro en relación con los pacientes y usuarios o la propia Administración sanitaria.

6. El personal que accede a los datos de la historia clínica en el ejercicio de sus funciones queda sujeto al deber de secreto».

[73] JUAN MANUEL FERNANDEZ LOPEZ. *El derecho fundamental a la protección de los datos personales. Obligaciones que derivan para el personal sanitario*, ob., cit.

[74] V. Art. 6.2 de la LOPD.

a los privados y a los profesionales correspondientes, que podrán proceder al tratamiento de los datos de carácter personal relativos a la salud de las personas que a ellos acudan o hayan de ser tratadas en los mismos, de acuerdo con lo dispuesto en la legislación estatal o autonómica sobre sanidad [75].

En estos dos casos comentados podría entenderse que basta el consentimiento previo que se deriva de la relación de los usuarios con los centros sanitarios y profesionales, para admitir también el tratamiento de los datos de esos usuarios o pacientes sin necesidad de que presten un consentimiento aparte y específico al respecto [76], ya que, en la medida en que los actos sanitarios caigan bajo la órbita de la ley de autonomía del paciente, dicha norma parte del principio del contrato verbal y obliga imperativamente a establecer un contenido mínimo de los datos sanitarios en la historia clínica, que necesariamente han de ser tratados. Añádase que, por expresa previsión de dicha ley, se aplican a la documentación clínica las medidas técnicas de seguridad establecidas por la legislación reguladora de la conservación de los ficheros que contienen datos de carácter personal y, en general, por la ley orgánica de protección de datos de carácter personal. En fin, tal y como se expuso anteriormente, es necesario tratar los datos por razones de administración y gestión sanitarias [77].

[75] V. Art. 8 de la LOPD y 23 y concordantes de la Ley General de Sanidad. El art. 8 de la Ley Orgánica de protección de datos de carácter personal dice lo siguiente: «*Datos relativos a la salud. Sin perjuicio de lo que se dispone en el artículo 11 respecto de la cesión, las instituciones y los centros sanitarios públicos y privados y los profesionales correspondientes podrán proceder al tratamiento de los datos de carácter personal relativos a la salud de las personas que a ellos acudan o hayan de ser tratadas en los mismos de acuerdo con lo dispuesto en la legislación estatal o autonómica sobre sanidad*».

[76] V. JAVIER SÁNCHEZ-CARO «*... el tratamiento de los datos parte ya de una relación constituida en la que es excepcional no contar con la voluntad de los interesados*». Exceptúanse situaciones tales como la urgencia o el riesgo para la salud pública, que están previstas legalmente en el artículo 9 de la ley de autonomía del paciente (antes en la Ley General de Sanidad). Artículo *Ley de Protección de Datos e innovaciones tecnológicas farmacéuticas. Revista de Administración Sanitaria*, julio-septiembre 2001. Ob. cit. (pág. 139) . V. Con más detenimiento en el epígrafe IV punto 4.

V. también del mismo autor y de JESÚS SÁNCHEZ-CARO, *El Médico y la Intimidad*, Editorial Díaz de Santos, Madrid, julio 2001 (págs. 136 y 137).

[77] Artículos 15.2; 16.4 y 17.6 de la ley básica reguladora de la autonomía del paciente ya citada. V. el epígrafe IV.3.5.

No obstante lo anterior, la citada interpretación no es en absoluto pacífica ya que hay algunos autores que discrepan de la misma al considerar que sí es preciso recabar el consentimiento del paciente para la obtención de sus datos. Entre estos últimos se encuentra VIZCAÍNO CALDERÓN, quien considera que la excepción del consentimiento referida la permite la LOPD respecto del tratamiento en sí de los datos, pero no respecto de la fase inicial previa que sería la recogida de los mismos, para la que el citado autor piensa que debe seguirse la norma general del consentimiento expreso del afectado [78].

Ha de tenerse en cuenta, sin embargo, tal y como ha quedado expuesto anteriormente, que aunque no sea preciso recabar el consentimiento del afectado para el tratamiento de sus datos subsiste incólume la obligación de información, que, podría hacerse efectiva en la forma que se expone más adelante y, en los casos excepcionales en que fuera necesario el consentimiento (cesiones de datos), podría contemplarse en el mismo documento del consentimiento informado.

[78] MIGUEL VIZCAÍNO CALDERÓN. *Comentarios a la Ley Orgánica de Protección de Datos de Carácter Personal*. Ed. Cívitas, Primera Edición, 2001 (págs. 134 a 138). El citado autor considera que la excepción del consentimiento del referido art. 8 de la LOPD habilita para el tratamiento cuando dice «*... podrán proceder al tratamiento...*», pero que dicho precepto no se pronuncia sin embargo respecto de la recogida de los datos, sin que, a su juicio, pueda comprender la expresión «*tratamiento*» la de «*recogida*»; todo ello sin perjuicio de reconocer la confusión de la Ley a la hora de perfilar las fronteras entre ambos conceptos (criterio establecido por el autor con anterioridad a la entrada en vigor de la ley básica de autonomía del paciente).

No obstante, frente al planteamiento de este autor, debe recordarse que en el apartado c) del artículo 3 de la LOPD, se define el tratamiento de datos como «*operaciones y procedimientos técnicos de carácter automatizado o no, que permitan la recogida, grabación, conservación, elaboración, modificación, bloqueo y cancelación, así como las cesiones de datos que resulten de comunicaciones, consultas, interconexiones y transferencias*». Es decir, se incluye expresamente la «*recogida*» como actividad comprendida dentro del concepto de tratamiento.

IV.1.2.2. *La cesión o comunicación de datos sobre la salud a tercero*

Para la cesión de datos la LOPD contempla dos requisitos [79]: el primero, que la cesión lo sea para el cumplimiento de fines directamente relacionados con las funciones legítimas del cedente y del cesionario; y, el segundo, que se obtenga el previo consentimiento del interesado.

El primero de los requisitos no admite excepciones, pero el segundo sí, y entre las mismas se encuentra expresamente contemplado el caso de los datos relativos a la salud, respecto de los que la ley indica que no será preciso el consentimiento para la cesión de los mismos a terceros cuando dicha cesión sea necesaria para solucionar una urgencia médica o para realizar estudios epidemiológicos en los términos establecidos en la legislación sobre sanidad estatal o autonómica [80].

Esta remisión legislativa de la citada norma, a juicio del magistrado ÁLVAREZ-CIENFUEGOS SUÁREZ, constituye una clara insuficiencia de la LOPD para contemplar las crecientes y complejas garantías que exige el tratamiento de los datos relativos a la salud de los ciudadanos mediante sistemas electrónicos, razón por la que dicho autor se muestra partidario de la urgente publicación de una norma específica que contemple, junto a los datos incorporados a las historias clínicas tradicionales, el tratamiento de otros datos relativos a la salud derivados de la investigación genética, de los avances de la biotecnología y de la clonación terapéutica [81].

Por otro lado, la ley establece que no se considerará comunicación de datos el acceso de un tercero (encargado del tratamiento) a los mismos cuando

[79] Art. 11.1 LOPD.

[80] V. Art. 11.2, f) LOPD, que exime de la prestación del consentimiento *«Cuando la cesión de datos de carácter personal relativos a la salud sea necesaria para solucionar una urgencia que requiera acceder a un fichero o para realizar los estudios epidemiológicos en los términos establecidos en la legislación sobre sanidad estatal o autonómica»*.

[81] JOSÉ MARÍA ÁLVAREZ-CIENFUEGOS SUÁREZ. *La aplicación de la firma electrónica y la protección de datos relativos a la salud.* Revista Actualidad Informática Aranzadi, abril 2001, (pág. 4).

dicho acceso sea necesario para la prestación de un servicio al responsable del tratamiento[82]. Como indica ALBERTO ANDÉREZ GONZÁLEZ[83] la afirmación contenida en este precepto constituye en realidad una habilitación para la posible contratación externa del tratamiento de datos de carácter personal, sin necesidad de consentimiento del afectado. No obstante, conviene recordar que esta posibilidad queda sometida por la ley a las siguientes condiciones formales[84]:

- Constancia en contrato escrito o en alguna otra forma que permita acreditar su celebración y contenido.

- Necesidad de pactar expresamente determinadas obligaciones del encargado del tratamiento. Este último no podrá aplicar o utilizar los datos con fin distinto al que figure en dicho contrato, ni los comunicará, ni siquiera para su conservación, a otras personas.

- Estipulación en el contrato del compromiso de adoptar las medidas de seguridad previstas legalmente.

- Obligación de destrucción o devolución de los datos al responsable del tratamiento una vez cumplida la prestación contractual.

La importancia del cumplimiento de todos los requisitos referidos es grande, toda vez que, en ausencia de los mismos, estaremos ante un caso de cesión de datos que, en principio, requiere del consentimiento del afectado.

[82] V. Art. 12.1 de la LOPD. Asimismo, conviene recordar las definiciones de responsable del fichero y de encargado del tratamiento, que incluye la ley en su artículo 3. De esta forma, el «responsable del fichero» es la «persona física o jurídica, de naturaleza pública o privada, u órgano administrativo, que decida sobre la finalidad, contenido y uso del tratamiento». Por su parte, el «encargado del tratamiento» es «la persona física o jurídica, autoridad pública, servicio o cualquier otro organismo que, sólo o conjuntamente con otros, trate datos personales por cuenta del responsable del tratamiento».

[83] ALBERTO ANDÉREZ GONZÁLEZ; Informe Seis – *La Seguridad y confidencialidad de la información clínica.* Capítulo: *Aspectos legales de la seguridad y confidencialidad en la información clínica.* Sociedad Española de Información de la Salud. ob. cit.; Pamplona, 2000, pág. 169 y 170.

[84] V. Art. 12, apartados 2 y 3, de la LOPD.

Como ejemplos de cesión de datos a terceros en el campo sanitario podemos citar lo establecido en la ley de autonomía del paciente [85], que prescribe que el acceso a la historia clínica con fines judiciales, epidemiológicos, de salud pública, de investigación o de docencia, se rige por lo dispuesto en la ley de protección de datos y en la ley general de sanidad, y demás normas de aplicación en cada caso. Ahora bien, el acceso a la historia clínica con estos fines obliga a preservar los datos de identificación personal del paciente, separados de los de carácter clínico–asistencial, de manera que como regla general quede asegurado el anonimato, salvo que el propio paciente haya dado su consentimiento para no separarlos.

Se exceptúan del anonimato los supuestos de investigación de la autoridad judicial en los que se considere imprescindible la unificación de los datos identificativos con los clínico–asistenciales, en los cuales se estará a lo que dispongan los jueces y tribunales en el proceso correspondiente. A lo anterior hay que añadir que el personal sanitario debidamente acreditado que ejerza funciones de inspección, evaluación, acreditación y planificación tiene acceso a las historias clínicas en el cumplimiento de sus funciones de comprobación de la calidad de la asistencia, del respeto de los derechos del paciente o de cualquier otra obligación del centro en relación con los pacientes y usuarios o la propia Administración sanitaria.

En todo caso, el acceso a los datos y documentos de la historia clínica queda limitado estrictamente a los fines específicos de cada caso y el personal que acceda a los mismos en el ejercicio de sus funciones queda sujeto al deber de secreto.

IV.1.3. **Principio de calidad o proporcionalidad de los datos**

Es condición para que puedan recogerse datos de carácter personal el que los mismos resulten adecuados, pertinentes y no excesivos [86].

[85] Art. 16 de la ley de autonomía del paciente.
[86] V. Art. 4 de la misma ley.

La ley determina también que los datos deben ser exactos y puestos al día, de forma que respondan con veracidad a la situación actual del interesado, asociando su conservación a la necesidad de su tratamiento en virtud de la finalidad para la que se recabaron, ya que cuando hayan dejado de ser necesarios o pertinentes deberán ser cancelados [87].

En el ámbito sanitario conviene recordar que la historia clínica, sea manual o electrónica, tiene su razón de ser en facilitar la asistencia sanitaria al ciudadano y que, por tanto, la naturaleza de la información que se incluye en la misma ha de ser acorde con el citado objetivo, debiéndose recoger exclusivamente toda la información clínica necesaria para asegurar, bajo un criterio médico, el conocimiento veraz, exacto y actualizado del estado de salud del paciente, por parte de los sanitarios que le atienden [88].

Un ejemplo de lo expuesto se recoge en la ley de autonomía del paciente a propósito del contenido de la historia clínica [89], ya que la ley mencionada dispone que la historia clínica incorporará la información que se considere trascendental para el conocimiento veraz y actualizado del estado de salud del paciente. En concreto, regula el contenido mínimo de la historia clínica [90]. No obstante, la práctica totalidad de las Comunidades Autónomas han aumentado este contenido mínimo, por lo que habrá que estar a la ley específica de cada una de ellas.

[87] No obstante, en el ámbito sanitario la cancelación de los datos sanitarios no está exenta de algunos inconvenientes derivados de la necesidad de conservar información para poder realizar estudios epidemiológicos y de salud pública. En este sentido, en el párrafo tercero del apartado 5, del artículo 4 de la LOPD, se dice lo siguiente: «*Reglamentariamente se determinará el procedimiento por el que, por excepción, atendidos valores históricos, estadísticos o científicos de acuerdo con la legislación específica, se decida el mantenimiento íntegro de determinados datos*».V. lo que se expone mas adelante sobre esta cuestión.

[88] V. Javier Sánchez-Caro y Fernando Abellán. *La Historia Clínica*. Fundación Salud 2000, mayo 2000 (págs. 11 y 12).

[89] Art. 15 de la ley de autonomía del paciente.

[90] Art. 15.2 de la ley de autonomía del paciente.

IV.1.4. **Principio de finalidad legítima**

De acuerdo con lo establecido en la LOPD, los datos de carácter personal objeto de tratamiento no podrán usarse para finalidades incompatibles con aquellas para las que los datos hubieran sido recogidos (finalidades determinadas, explícitas y legítimas)[91].

Desde el punto de vista positivo, parece evidente que deberán ser tratados todos aquellos datos e informaciones sanitarias que se consideren trascendentales para el conocimiento veraz y actualizado del estado de salud del paciente, incorporándose a la historia clínica, ya que la misma tiene como fin principal facilitar la asistencia sanitaria, dejando constancia de todos aquellos datos que, bajo criterio médico, permitan conformar dicho conocimiento.

En cambio, desde el punto de vista negativo, no se considera incompatible el tratamiento de los datos de carácter personal que se refieran a la salud, cuando dicho tratamiento resulte necesario para la prevención o para el diagnóstico médicos, la prestación de asistencia sanitaria o tratamientos médicos o la gestión de servicios sanitarios, siempre que dicho tratamiento de datos se realice por un profesional sanitario sujeto al secreto profesional o por otra persona sujeta asimismo a una obligación equivalente de secreto (cuestión que ya ha sido abordada anteriormente).

IV.1.5. **Principio de datos especialmente protegidos**

La ley incluye dentro de esta categoría a los datos relativos a la ideología, afiliación sindical, religión, creencias, origen racial, salud y vida sexual[92].

Respecto de los datos sanitarios este régimen de especial protección se concreta, básicamente, en que los mismos sólo podrán ser recabados, tratados y cedidos en los términos que se han dejado referidos anteriormente. Y también en el hecho de que los citados datos son merecedores de la adopción de medidas técnicas de seguridad de nivel elevado, de las que se trata más adelante.

[91] V. Art. 4.1 y 2.

[92] V. Art. 7 de la LOPD.

IV.1.6. Principio de seguridad

De conformidad con el Reglamento de Medidas de Seguridad, los datos de salud exigen la aplicación del nivel alto en lo referente a los aspectos técnicos y organizativos que garanticen la confidencialidad e integridad de los datos, evitando, en consecuencia, su alteración, pérdida o acceso no autorizado [93].

En este sentido, es decir, en el de aplicación a los ficheros sanitarios de la totalidad de las medidas contenidas en el reglamento, han de interpretarse los preceptos correspondientes de la ley de autonomía del paciente [94], que deben ser integrados correctamente dentro del marco de nuestro ordenamiento jurídico y, en consecuencia, de la legislación vigente en materia de protección de datos de carácter personal [95].

IV.2. Derechos de los ciudadanos en materia de protección de datos sobre la salud [96]

IV.2.1. El derecho de acceso a la información clínica por los pacientes

Al objeto de que los ciudadanos puedan conocer en todo momento la información que sobre los mismos se haya podido recabar, e incluso con-

[93] Reglamento de Medidas de Seguridad, aprobado por Real Decreto 994/1999, de 11 de junio, que la LOPD expresamente mantiene en vigor.

[94] Arts. 14.4 y 17.6 de la ley de autonomía del paciente.

[95] El criterio expuesto es el asumido por la Agencia Española de Protección de Datos en Resolución de 28 de julio de 2002, en la que se daba respuesta a una consulta planteada sobre esta materia.

[96] Como se indica en el trabajo *Cuaderno sobre protección de datos* (suplemento julio 2001 de la revista *OTROSÍ*), anteriormente citado, el ejercicio de derechos viene regulado en el Título III de la LOPD y en el capítulo IV del Real Decreto 1.332/1994, de 20 de junio, por el que se desarrollan algunos aspectos de la Ley Orgánica 5/1992, de 29 de octubre, de Regulación del Tratamiento Automatizado de Datos Personales (subsistente en virtud de la Disposición transitoria tercera de la LOPD, en tanto no se oponga a lo dispuesto en aquélla). También son de interés (si bien han de entenderse derogadas, pero son importantes porque marcan la línea interpretativa de la Agencia de Protección de Datos) las normas 1.ª y siguientes de la Instrucción 1/1998, de 19 de enero, de la Agencia Española de Protección de Datos, relativa al ejercicio de los derechos de acceso, rectificación y cancelación.

seguir que se rectifique o cancele, en su caso, la LOPD configura una serie de derechos independientes entre sí [97].

El primero de los citados derechos es el de acceso, que en terminología de la LOPD consiste en el derecho del interesado a solicitar y obtener gratuitamente información sobre sus datos de carácter personal sometidos a tratamiento, así como sobre el origen de dichos datos, y de las comunicaciones realizadas o que se prevean hacer de los mismos [98].

Ahora bien, en el ámbito sanitario, cuando hablamos del derecho de acceso a los datos personales nos estamos refiriendo a un tipo de informa-

[97] En el mismo trabajo citado se recuerda que el correcto ejercicio de los derechos de los interesados, cuyos datos sean objeto de tratamiento por parte del responsable del fichero, requiere del cumplimiento de una serie de requisitos formales, como es el envío por el interesado de una solicitud dirigida al responsable del fichero que contenga los siguientes aspectos (*Instrucción 1/1998, de 19 de enero, de la Agencia de Protección de Datos, relativa al ejercicio de los derechos de acceso, rectificación y cancelación. Norma primera, apartado 3*):

«• Nombre y apellidos del interesado, a efectos de su identificación.

• Una fotocopia del DNI (o cualquier otro medio admitido en derecho) que acredite su identidad.

• En los casos en que excepcionalmente se admita, supuestos de incapacidad legal o minoría de edad, deberá proporcionarse los datos anteriormente indicados de la persona que represente legalmente al interesado.

• Petición en que se concreta la solicitud.

• Indicación de un domicilio a efectos de notificaciones.

• Fecha y firma del interesado.

• Documentos acreditativos de la petición que formula, en su caso.

El ejercicio de estos derechos no comportará ningún gasto para el interesado, es decir, se ejercerán de forma gratuita, sin que el responsable del fichero pueda, en principio, solicitar contraprestación alguna.

El responsable del tratamiento deberá contestar al interesado tanto en los casos en que consten datos del solicitante en el fichero como si no fuera así, debiendo solicitar la subsanación de los requisitos formales de la solicitud en caso de inexactitud».

[98] V. Art. 15.1 de la LOPD. En el apartado 3 de este mismo precepto se indica que *«el derecho de acceso a que se refiere este artículo sólo podrá ser ejercitado a intervalos no inferiores a doce meses, salvo que el interesado acredite un interés legítimo al efecto, en cuyo caso podrá ejercitarlo antes».*

ción peculiar como es la información clínica, donde la regla general es que la asistencia sanitaria prestada a un ciudadano es la única razón que justifica el acceso a la misma. Cualquier otra razón de acceso a la información debe responder a un interés legítimo susceptible de protección y estar convenientemente motivada [99].

Apostando por este carácter restrictivo del acceso a la información clínica, la ley general de sanidad de 1986 estableció que la historia clínica estaría a disposición de los enfermos y de los facultativos que directamente estuvieran implicados en el diagnóstico y el tratamiento del enfermo, así como a efectos de inspección médica o para fines científicos, debiendo quedar plenamente garantizado el derecho del enfermo a su intimidad personal y familiar y el deber de guardar el secreto por quien, en virtud de sus competencias, tuviera acceso a la historia clínica [100].

En el momento actual, la regulación del acceso a la historia clínica está contenida en la Ley básica de autonomía del paciente.

De acuerdo con dicha norma podemos distinguir diversos tipos de acceso a la información de la historia clínica: por el paciente, por la inspección, para fines estadísticos, para fines científicos o de investigación, y por otras personas o autoridades.

El acceso del paciente a la información de la historia clínica parece evidente, dado que la misma se redacta y conserva para facilitar su asistencia, lo que supone dar a conocer al paciente la biografía patológica contenida en su historial. Así lo establece la ley básica al reconocer este derecho al paciente, que abarca la posibilidad de obtener copia de los datos consig-

[99] V. JAVIER SÁNCHEZ-CARO y FERNANDO ABELLÁN. *La Historia Clínica*. ob. cit. (págs. 41 a 59).

[100] V. Art. 61 de la Ley 14/1986, de 25 de abril, General de Sanidad, donde además se dice que *«los poderes públicos adoptarán las medidas precisas para garantizar dichos derechos y deberes»*. Este artículo fue derogado por la Disposición derogatoria única de la Ley 41/2002.

nados [101]. Ahora bien, el acceso del paciente (o de su representante) puede deberse a un interés particular o a un interés sanitario.

En el caso de querer acceder por un interés particular hay que tener en cuenta que se pueden establecer dos excepciones a dicho acceso: los datos incorporados a la historia clínica por terceros en interés terapéutico del paciente y las anotaciones subjetivas que puede hacer el médico en un momento determinado, siempre que tengan trascendencia clínica (en otro caso no deberían incluirse en el historial) [102].

En cuanto a los datos incorporados por terceros, encontramos diferentes textos jurídicos europeos donde se recoge esta excepción, tales como la Declaración para la Promoción de los Derechos de los Pacientes en Europa [103], la directiva europea de protección de datos [104], la recomendación del

[101] El art. 18.1 de la ley básica dice lo siguiente: «*El paciente tiene el derecho de acceso, con las reservas señaladas en el apartado 3 de este artículo, a la documentación de la historia clínica y a obtener copia de los datos que figuran en ella. Los centros sanitarios regularán el procedimiento que garantice la observancia de estos derechos*». En el apartado 2 del mismo artículo se admite también el acceso por representación debidamente acreditada.

[102] El art. 18.3 de la ley básica establece que «*El derecho de acceso del paciente a la documentación de la historia clínica no puede ejercitarse en perjuicio del derecho de terceras personas a la confidencialidad de los datos que constan en ella recogidos en interés terapéutico del paciente, ni en perjuicio del derecho de los profesionales participantes en su elaboración, los cuales pueden oponer al derecho de acceso la reserva de sus anotaciones subjetivas*».

[103] En la *Declaración para la Promoción de los Derechos de los Pacientes en Europa* (Jornadas Europeas sobre el derecho de los pacientes). Ámsterdam 28-30 de marzo de 1994, Organización Mundial de la Salud. El texto puede consultarse en la obra de LUIS CARLOS MARTÍNEZ AGUADO, *Atención al Paciente*, Ed. Certeza, Madrid 1996, págs. 202 y siguientes (apartado 4.4.). En concreto, el texto dice que «*los pacientes tienen derecho a acceder a sus archivos médicos y registros técnicos y a cualquier otro archivo o registro que se refiera a su diagnóstico, tratamiento y hospitalización y a recibir copia o parte de ellos. Tal acceso excluye datos relativos a terceras personas*».

[104] Directiva 95/46 CE, a cuyo tenor se establecen limitaciones en el acceso para la protección del interesado o de los derechos y libertades de otras personas.

Puede citarse, además, el *caso GASKIN*, en el apartado I.3 de esta obra.

Comité de Ministros del Consejo de Europa [105] y el Convenio sobre derechos humanos y biomedicina [106].

También hemos tratado de la cuestión relativa a las anotaciones subjetivas y a la limitación del acceso a las mismas. El fundamento en ambos casos sería el mismo, esto es, la colisión de diversos derechos: el derecho del paciente a su información y el derecho de un tercero que actúa en beneficio del paciente o el del profesional sanitario a su intimidad.

En el acceso del paciente a su historia clínica por interés sanitario no rigen las anteriores excepciones, ya que la consulta del historial es de capital importancia para el médico que vaya a valorar de nuevo al paciente (incluso se ha construido el derecho a una segunda opinión como un derecho del paciente). En tales casos, como es obvio, el expediente podría ser remitido directamente al profesional sanitario, si así se considera conveniente.

Siempre se ha permitido el acceso a la historia clínica a efectos de inspección, para fines estadísticos (de acuerdo con sus normas específicas) y para fines científicos o de investigación, si bien en este último caso no existe una regulación general y únicamente se encuentran algunas disposiciones en leyes sectoriales (por ejemplo, en materia de ensayos clínicos) [107].

En relación con el acceso a la historia clínica de los pacientes fallecidos, se ha planteado la cuestión relativa al acceso a la información por parte

[105] Recomendación R (97) 5, de 13 de febrero de 1997, del Comité de Ministros del Consejo de Europa, según la cual pueden establecerse limitaciones para proteger al afectado y los derechos y libertades de otros.

[106] Convenio de Oviedo relativo a los derechos humanos y la biomedicina de 1997. Dicho texto parte del principio de que toda persona tendrá derecho a conocer toda información respecto a su salud, si bien se establece que el ejercicio de los derechos y las disposiciones de protección contenidos en el Convenio pueden ser objeto de restricciones mediante Ley, cuando constituyan medidas necesarias en una sociedad democrática para la seguridad pública, la prevención de las infracciones penales, la protección de la salud pública o la protección de los derechos y libertades de las demás personas.

[107] Art. 16.4, 5 y 6 de la ley de autonomía del paciente, anteriormente reproducido (nota 72).

de parientes o familiares que hayan convivido con el paciente y que tengan la posibilidad de ser contagiados por la enfermedad que padeciera el difunto. En estos casos, más que de un derecho de acceso a la historia clínica, parece que se trata de un problema de información, esto es, si el médico debe revelar las circunstancias de la enfermedad a las personas referidas. El mismo problema se presenta con las enfermedades hereditarias, estimándose que la solución debe pasar por las coordenadas del estado de necesidad, ponderando todos los bienes y valores en conflicto, incluido, desde luego, la gravedad de la enfermedad. Sobre este particular, la ley básica dispone que, en cualquier caso, el acceso de un tercero a la historia clínica, motivado por un riesgo para su salud, se limitará a los datos pertinentes [108].

Un caso particular tiene lugar cuando el familiar de un fallecido reclama la copia de la historia clínica. Ha de tenerse en cuenta que se trata de datos protegidos que pueden afectar, en principio, al derecho fundamental a la intimidad establecido en la Constitución y que, en cuanto tales, pueden no ser transmisibles a terceras personas. Esta cuestión tan delicada puede solucionarse adoptando ciertas cautelas. En particular, podría facilitarse el acceso a la historia clínica a los familiares (salvo en el supuesto de que el fallecido lo hubiese prohibido expresamente), excepto respecto de aquella información que afecte a la intimidad de las personas, los datos que perjudiquen a terceros o las notas subjetivas a las que nos hemos referido anteriormente. Se trata, desde luego, de echar una pesada carga a los centros sanitarios y que sólo la ley puede establecer (todo ello, por supuesto, al margen de proporcionar el informe de alta).

Los criterios expuestos son los asumidos por la ley básica reguladora de la autonomía del paciente. Parte de una regla general: el paciente tiene derecho de acceso a su historial con determinadas excepciones, teniendo derecho a obtener copia de los datos que figuren en él y, por supuesto, tal derecho puede ejercerse a través de la representación debidamente acreditada.

Ahora bien, como hemos dicho, la ley establece que el derecho de acceso por parte del paciente a la documentación de la historia clínica no pue-

[108] Art. 18.4 de la ley básica.

de ejercitarse en perjuicio del derecho de terceras personas a la confidencialidad de los datos que constan en ella, recogidos en interés terapéutico del paciente, ni en perjuicio del derecho de los profesionales participantes en su elaboración, los cuales pueden oponer al derecho de acceso la reserva de sus anotaciones subjetivas. De esta manera, a través de la correspondiente ponderación de bienes y valores en conflicto, resuelve la ley las situaciones conflictivas.

En cuanto a los pacientes fallecidos, la ley básica dispone que los centros sanitarios y los facultativos de ejercicio individual sólo facilitarán el acceso a la historia clínica de los pacientes fallecidos a las personas vinculadas a los mismos, por razones familiares o de hecho, salvo que el fallecido lo hubiese prohibido expresamente y así se acredite. Sin embargo, advierte la norma que no se facilitará información que afecte a la intimidad del fallecido ni la que se refiera a las anotaciones subjetivas de los profesionales o la que perjudique a terceros [109].

Por último, regula la ley el caso del acceso de un tercero a la historia clínica motivado por un riesgo para su salud, estableciendo, en virtud del principio de proporcionalidad, que dicho acceso se limitará a los datos pertinentes, como ya expusimos anteriormente [110].

Es evidente que las consideraciones vertidas se refieren en gran medida al Sistema Nacional de Salud pero son aplicables también, siempre que sean trasladables, a los centros privados.

IV.2.2. Los derechos de rectificación y cancelación de la información sanitaria

Los derechos de rectificación y cancelación conceden la posibilidad al interesado de exigir al responsable del fichero que cumpla con el principio

[109] Lo anterior lo dispone igualmente el artículo 18.4 de la ley básica de autonomía del paciente.

[110] *Ibídem.*

de calidad de datos y de finalidad, pudiendo instarle a rectificar aquellos cuyo tratamiento no se ajuste a las previsiones de la ley, y en particular cuando los mismos resulten ser inexactos o incompletos; o a cancelarlos cuando hayan dejado de ser necesarios para la finalidad para la cual hubieran sido registrados [111]. El objetivo último es que los datos se mantengan de forma adecuada, pertinente y no excesiva en relación con el ámbito y las finalidades legítimas para las que se recogieron [112].

Por lo que se refiere a los datos sanitarios, y a la posibilidad de ejercicio de los derechos de rectificación y cancelación de los mismos, su conservación debe asegurarse, total o parcialmente, al menos durante el tiempo razonablemente necesario para alcanzar el propósito concreto que justificó su recogida y que debe ser, cuando menos, aquel que, bajo un criterio médico, se establezca en el centro o área sanitaria para la asistencia del paciente en el curso de la enfermedad que justificó la creación de la documentación clínica [113].

Asimismo, debe significarse que la conservación de la documentación clínica debe garantizar la preservación de la información y no necesariamente el soporte original [114].

[111] V. Art. 4.5 de la LOPD.

[112] V. *Cuaderno sobre protección de datos* (suplemento julio 2001 de la revista *OTROSÍ*), pág. 8, donde se resume lo dispuesto en el art. 16 y s.s. de la LOPD, indicándose además que se trata de dos derechos personalísimos e independientes que exigen las mismas formalidades de identificación y representación que el derecho de acceso, que deben ejercitarse por el interesado en persona, de forma gratuita, mediante solicitud o petición dirigida al responsable del fichero, formulada mediante cualquier medio que garantice la identificación del afectado y con los requisitos formales aludidos a la hora de hablar del derecho de acceso. Por otro lado, aunque la ley establece la posibilidad de que el responsable del fichero se oponga a la solicitud de rectificación o cancelación cuando existan causas justificadas, el citado responsable tendrá la obligación de hacer efectivo el derecho de rectificación o cancelación en el plazo de 10 días, tal y como establece el art. 16.1 de la LOPD.

[113] V. *Información y Documentación Clínica. Documento Final del Grupo de Expertos*. Madrid, 26 de noviembre de 1997. Subsecretaría de Sanidad y Consumo. Ministerio de Sanidad y Consumo, 1998 (págs. 25 y 26).

[114] V. La ley de autonomía del paciente, anteriormente citada, donde se indica que la documentación clínica deberá mantenerse un mínimo de cinco años para cada proceso asistencial, desde la fecha del alta de dicho proceso.

No obstante, además del motivo de la atención al paciente, pueden existir otros intereses legítimos de epidemiología, de investigación o de organización y funcionamiento del Sistema Nacional de Salud que justifiquen la conservación de la documentación clínica. En estos casos, siempre que sea compatible con los fines perseguidos, deben tratarse los datos anónimamente al objeto de impedir la identificación directa o indirecta de los sujetos implicados [115].

Todo lo expuesto no impide, naturalmente, que se lleve a cabo la rectificación correspondiente de los datos erróneos incluidos en la historia clínica cuando se tenga constancia de ellos, pues si bien no se prevé nada ex-

---

También resulta de interés destacar lo dispuesto por las siguientes normas autonómicas:

La *Ley 21/2000, de Cataluña, sobre los derechos de información relativos a la salud, la autonomía del paciente y la documentación clínica*, que indica que la historia clínica se ha de conservar como mínimo hasta veinte años desde la muerte del paciente (pudiéndose, no obstante, destruir los documentos no relevantes para la asistencia, transcurridos dos años desde la última atención al paciente), y dentro de ella, junto con los datos de identificación del paciente, las hojas de consentimiento informado, los informes de alta, los informes quirúrgicos y el registro de parto, los datos relativos a la anestesia, los informes de exploraciones complementarias y los informes de necropsia.

La *Ley gallega de 8 mayo de 2001, reguladora del consentimiento informado y de la historia clínica de los pacientes*, prescribe la conservación por tiempo indefinido de determinada información, entre la que se encuentran los informes de anestesia, informes de alta, hojas de consentimiento informado, etc., permitiendo que el resto de la información menos importante se conserve, como mínimo, hasta que transcurran cinco años desde la última asistencia prestada al paciente o desde su fallecimiento.

El *Decreto 45/1998, de 17 de marzo, del País Vasco, por el que se establece el contenido y se regula la valoración, conservación y expurgo de los documentos del Registro de Actividades Clínicas de los Servicios de Urgencias de los Hospitales y de las Historias Clínicas Hospitalarias*. Se prevén plazos de conservación mínimos de dos y cinco años, e indefinido, en función del tipo de documento.

Por último, también hay que mencionar la *Ley 6/2002, de 15 de abril, de Salud de Aragón* (Título III); la *Ley Foral 11/2002, de 6 de mayo de Navarra, sobre los derechos del paciente a las voluntades anticipadas, a la información y a la documentación clínica* (modificada parcialmente por la ley 11/2002), y la *Ley 1/2003, de 28 de enero, de derechos e información al paciente en la Comunidad Valenciana*, donde se alude al plazo mínimo de cinco años, admitiendo la conservación indefinida de los documentos que resulten más relevantes.

[115] V. ley de autonomía del paciente, art. 17.

preso en la ley de autonomía del paciente, se establece en ella la obligación de las administraciones sanitarias de arbitrar los mecanismos que garanticen la autenticidad del contenido de la historia y de los cambios operados en ella, así como la posibilidad de su reproducción futura [116].

IV.2.3. **Derecho de oposición a la obtención de la información sanitaria**

El derecho de oposición consiste en la posibilidad para el afectado de negarse a la continuación del tratamiento de sus datos personales [117].

El ejercicio de este derecho se refiere a los casos en que, no siendo necesario el consentimiento del afectado para el tratamiento de sus datos de carácter personal (como ocurre respecto de los datos sobre la salud cuando su tratamiento resulte preciso para la prevención o para el diagnóstico médicos, etc. [118]), existan motivos fundados y legítimos para que dicha persona formule su oposición, atendiendo a su circunstancia particular, y siempre que una ley no disponga lo contrario [119].

No obstante, como afirma MARTÍN-CASALLO, en la práctica apenas se darán con relación al dato sanitario supuestos de ejercicio del derecho de oposición, dada la finalidad de curación que, en último término, busca su tratamiento. Incluso, manifiesta el citado autor que, de producirse dicha oposición, podría evidentemente ser rechazada en aplicación de un criterio de primacía del derecho a la vida frente al derecho a la intimidad [120].

[116] Art. 14.3. de la ley de autonomía del paciente.

[117] V. *Cuaderno sobre protección de datos* (suplemento julio 2001 de la revista *Otrosí*), ob. cit.; pág. 9.

[118] Art. 7.6 de la LOPD.

[119] V. Art. 6.4 de la LOPD, donde además se dice que en el supuesto citado el responsable del fichero excluirá del tratamiento los datos relativos al afectado. El ejercicio de este derecho será gratuito para el interesado.

[120] JUAN JOSÉ MARTÍN-CASALLO LÓPEZ (Fiscal de Sala del Tribunal Supremo). Ver su ponencia *Derechos de acceso, rectificación y cancelación de los datos sanitarios en la LOPD*, dentro del *VII Congreso Nacional de Derecho Sanitario*, celebrado en octubre de 2000. Ed. Fund. Mapfre Medicina, 2001 (pág. 58).

IV.2.4. Otros derechos

Se puede citar a este respecto:

La impugnación de los actos administrativos o decisiones privadas por los ciudadanos, en la medida en que impliquen una valoración de su comportamiento y cuyo único fundamento sea un tratamiento de datos de carácter personal que ofrezca una definición de sus características o personalidad [121].

El derecho a ser informado, recabando a tal efecto la información oportuna del Registro General de Protección de Datos, de la existencia de tratamientos de datos de carácter personal, sus finalidades y la identidad del responsable del tratamiento.

Por último, el derecho a solicitar y obtener gratuitamente información de sus datos de carácter personal sometidos a tratamiento, el origen de dichos datos, así como las comunicaciones realizadas o que se prevean hacer de los mismos [122].

IV.2.5. Criterio interpretativo

Ha de tenerse en cuenta a la hora de interpretar la Ley Orgánica de Protección de Datos que, en caso de duda, ha de realizarse de manera que se menoscabe lo menos posible el derecho fundamental a la protección de datos de todos los ciudadanos y, al mismo tiempo, a favor de la mejor protección del derecho reconocido por la ley.

IV.3. Dificultades para la aplicación de la ley de protección de datos en el ámbito sanitario

En lo que sigue, se exponen algunos problemas que plantea la ley de protección de datos actualmente vigente con motivo de su aplicación al ám-

[121] Art. 13 LOPD.
[122] Arts. 14 y 15.1 de la LOPD.

bito de la salud. Algunos ya han sido enunciados en los epígrafes anteriores, si bien se les dota a todos ellos, ahora, de singularidad propia.

IV.3.1. **En lo que se refiere al nivel de protección**

Los datos de salud son calificados como datos sensibles, ya que se trata de datos de carácter personal que solo pueden ser recabados, tratados y cedidos cuando por razones de interés general así lo disponga una ley o el afectado consienta expresamente (en terminología legal «datos especialmente protegidos», que admiten, no obstante, determinadas excepciones [123]). Además, el concepto «de datos de salud» es un concepto muy amplio, como ya se expuso.

Al tratarse de datos especialmente sensibles, los datos de salud deben ser objeto de protección a través del nivel reglamentario más alto [124]. En concreto, por ejemplo, a través de la firma electrónica, pero este planteamiento supone, como fácilmente se deduce de lo expuesto, un alto coste que por el momento no tiene una clara solución. En consecuencia, habría que dotar a la cita previa de todos los centros sanitarios españoles de este tipo de protección, ya que de la misma se deducen fácilmente cuestiones que afectan a los aspectos íntimos de la salud que deben ser protegidos (por ejemplo, citar a una persona en la planta donde están los enfermos de SIDA).

A lo anterior habría que añadir la necesidad de coordinar todos los datos a través de una agencia u organismo del Sistema Nacional de Salud, ya que, por ejemplo, determinados estudios epidemiológicos sobre investigación se realizan en el ámbito nacional.

[123] Artículo 7 de la Ley Orgánica citada.

[124] Lo anterior se deduce del Real Decreto 994/1999, de 11 de junio, por el que se aprueba el reglamento de medidas de seguridad de los ficheros automatizados que contengan datos de carácter personal.

IV.3.2. **En lo referente a la cancelación**

La regla general establecida por la ley orgánica de protección de datos es que los mismos sean cancelados cuando hayan dejado de ser necesarios o pertinentes para la finalidad para la cual hubieran sido recabados o registrados, si bien se admite, por vía de excepción, que reglamentariamente se establezca el procedimiento por el que, atendidos los valores históricos, estadísticos o científicos de acuerdo con la legislación específica, se decida su mantenimiento íntegro [125].

Esta posibilidad de cancelación choca sin embargo con lo establecido por las leyes sanitarias, que invierten la regla general. En particular, los centros sanitarios tienen la obligación de conservar la documentación clínica en condiciones que garanticen su correcto mantenimiento y seguridad, aunque no necesariamente en el soporte original, para la debida asistencia al paciente durante el tiempo adecuado en cada caso y, como mínimo, cinco años contados desde la fecha del alta de cada proceso asistencial [126]. En fin, las dificultades se acrecientan si se plantea desde la perspectiva investigadora, por ejemplo en los ensayos clínicos con medicamentos [127].

IV.4.3. **En lo referente al acceso**

Otro tanto puede decirse en relación con los problemas que plantea el acceso a los datos personales sanitarios o de salud. La regla general de la ley

[125] Artículo 4.5 de la LOPD.

[126] Así lo dispone la ley de autonomía del paciente en su artículo 17.1 Las diferentes leyes autonómicas establecen plazos más elevados y realizan distinciones más pormenorizadas, como ya vimos en nota precedente.

[127] V. el artículo especial de la Revista Medicina Clínica: *Propuesta de aplicación de la Ley de Protección de Datos de Carácter Personal en las hojas de información y consentimiento de los participantes en los ensayos clínicos*. RAFAEL DAL RE, CRISTINA GÓMEZ-PIQUERAS, FERNANDO GARCÍA-ALONSO, ANTONIO LUQUE Y REMEDIOS AVILÉS. Med. Clin. (Barcelona) 2001; 117:751-756. Y el capítulo de esta misma obra donde se analiza la cuestión pormenorizadamente.

de protección de datos establece que el interesado tiene derecho a solicitar y obtener gratuitamente información de sus datos de carácter personal sometidos a tratamiento, del origen de dichos datos, así como de las comunicaciones realizadas o que se prevén hacer de los mismos. Dicha información puede obtenerse mediante la mera consulta de los datos, por medio de su visualización o de la indicación de los datos que son objeto de tratamiento, mediante escrito, copia, telecopia o fotocopia, en forma legible e inteligible.

Sin embargo, la ley básica sanitaria sobre autonomía del paciente ya citada, establece, como vimos, que el derecho de acceso por parte del paciente a la documentación de la historia clínica no puede ejercitarse en perjuicio del derecho de terceras personas a la confidencialidad de los datos que constan en ella, recogidos en interés terapéutico del paciente, ni en perjuicio del derecho de los profesionales participantes en su elaboración, los cuales pueden oponer al derecho de acceso la reserva de sus observaciones, apreciaciones o anotaciones subjetivas; además de contener reglas particulares sobre las historias clínicas de los pacientes fallecidos y también para el caso de acceso de un tercero a la historia clínica motivada por un riesgo para su salud, como se expuso en su momento.

Por otro lado, y dentro de nuestro ordenamiento jurídico, conviene poner de relieve que, con carácter general, la ley orgánica de protección de datos de carácter personal limita tan solo el ejercicio del derecho de acceso a los datos cuando el mismo se realice en intervalos no inferiores a doce meses, salvo que el interesado acredite un interés legítimo al efecto, en cuyo caso podrá ejercitarlo antes [128]. No obstante, la propia LOPD [129] contempla un supuesto de limitación al derecho de acceso, cuando dice que este último podrá excepcionarse si, ponderados los intereses en presencia, resultase que los derechos que dichos preceptos conceden al afectado hubieran de ceder ante razones de interés público o ante intereses de terceros más dignos de protección. Si el órgano administrativo responsable del fichero invocase lo dispuesto en este apartado, dictará resolución motivada e instruirá al afectado del derecho que le asiste a poner la negativa en conocimien-

[128] V. Art. 15.3 de la LOPD.

[129] Art. 24.2 de la ley citada.

to del Director de la Agencia Española de Protección de Datos o, en su caso, del órgano equivalente de las Comunidades Autónomas. Sin embargo, el Tribunal Constitucional ha declarado nulo el precepto citado [130].

IV.3.4. **En lo que se refiere a la cesión de datos**

Tampoco se acomoda fácilmente lo dispuesto por la ley orgánica de protección de datos al ámbito de la salud en lo referente a la cesión de los datos que se encuentran en las historias clínicas de los pacientes. En concreto, establece la citada ley que sólo se pueden ceder datos con consentimiento del paciente o ante situaciones de urgencia. Sin embargo, tal regulación impide adoptar soluciones razonables a problemas tan cotidianos como los cambios de hospital, por lo que no parece fácilmente asumible un criterio tan rígido [131].

[130] Por Sentencia de 30 de noviembre de 2000 (292/2000), dictada por el Pleno. En síntesis, el alto Tribunal entiende que el precepto citado supone abandonar a la decisión administrativa la fijación de un límite al derecho fundamental a la protección de los datos de carácter personal, sin ni siquiera establecer cual puedan ser esos intereses ni las circunstancias en las que quepa hacerlos valer para restringir de esa forma el derecho.

Entiende, además, el Tribunal Constitucional que los motivos de la limitación adolecen de un grado de indeterminación que deja excesivo campo de maniobra a la discrecionalidad administrativa, incompatible con las exigencias de la reserva legal en cuanto constituye una cesión en blanco del poder normativo que defrauda la reserva de ley. Y más aún, que no hace referencia alguna a los presupuestos y condiciones de la restricción, por lo que resulta insuficiente para determinar si la decisión administrativa es o no fruto previsible de la razonable aplicación de lo dispuesto por el legislador, careciendo de certeza y previsibilidad (fundamento de derecho 18 de la Sentencia). Se observa, en consecuencia, que el Tribunal Constitucional no niega la posibilidad consistente en que haya de hacerse en algún momento una ponderación de los bienes o derechos constitucionales en juego, sino que niega que dicha ponderación pueda hacerse por la Administración mediante una cláusula tan genérica. No obstante, ha de tenerse en cuenta la enorme dificultad de articular en la Ley *«los presupuestos y condiciones de la restricción», así como «establecer cuales puedan ser esos intereses»*... o *«las circunstancias en las que quepa hacerlos valer para restringir de esa forma este derecho fundamental»*. Como ya se dijo, pensamos que el riesgo de la sentencia es abocar al legislador a un casuismo de descripción difícil, pues no hay nada tan complejo como captar o aprehender una realidad multiforme y variopinta. Por otro lado, la fórmula empleada es la que se contiene, entre otros textos, en la declaración de la OMS para los pacientes en Europa.

[131] Artículo 11 de la ley orgánica de protección de datos citada.

IV.3.5. En lo que se refiere al consentimiento expreso o inequívoco

El consentimiento del paciente en el ámbito sanitario puede adoptar diversas formas. Puede ser expreso o tácito, y el expreso, a su vez, verbal o escrito, existiendo acuerdo en que el consentimiento expreso escrito no es el apropiado para muchos actos médicos rutinarios. Por tanto, el consentimiento es con frecuencia verbal o incluso tácito o implícito, en tanto que la persona afectada esté suficientemente informada. O de otra manera, sólo en el caso de procedimientos diagnósticos o terapéuticos invasores, o para participar en una investigación, o para la extracción de partes del cuerpo con fines de trasplante, se puede exigir el consentimiento expreso escrito.

Sin embargo, la ley orgánica de protección de datos parte de un principio diferente, que no es otro que el consentimiento expreso o inequívoco del afectado (lo que supondría en la práctica que el consentimiento fuera siempre por escrito para evitar enojosos problemas de prueba), salvo que una ley disponga otra cosa, supuesto que en el momento actual es el establecido por la ley vigente de autonomía del paciente, que dispone que el consentimiento será verbal por regla general y sólo se prestará por escrito en los casos de intervención quirúrgica, procedimientos diagnósticos y terapéuticos invasores y, en general, cuando se trate de la aplicación de procedimientos que supongan riesgos o inconvenientes de notoria y previsible repercusión negativa sobre la salud del paciente [132].

Por tanto, en lo que se refiere a los datos personales relativos a la salud de los ciudadanos o usuarios, puede sostenerse que la ley de protección de datos, cuando haya de llevar a cabo su aplicación en el ámbito de la ley de autonomía del paciente, permite su tratamiento sin necesidad de establecer, como regla general, un consentimiento específico y expreso de los interesados o pacientes. Además, conviene advertir que el tratamiento de los datos parte ya de una relación constituida en la que es excepcional no contar con la voluntad de los usuarios [133].

[132] V. los arts. 3.h; 6.1; 6.2; 7.3; 7.6; 8 de la ley orgánica de protección de datos. Y art. 8.2 de la ley básica de autonomía del paciente.

[133] Se exceptúan, por ejemplo, los casos de urgencia, incapacidad o riesgo para la salud pública previstos en el artículo 9 de la ley de autonomía del paciente.

La ley de protección de datos comienza por establecer que los datos de carácter personal que hagan referencia a la salud sólo pueden ser recabados, tratados y cedidos cuando, por razones de interés general, así lo disponga una Ley o el afectado consienta expresamente [134]. Sin embargo, establece, a continuación, que podrán ser objeto de tratamiento dichos datos cuando resulte necesario para la prevención o para el diagnóstico médicos, la prestación de asistencia sanitaria o tratamientos médicos o la gestión de servicios sanitarios, siempre que dicho tratamiento de datos se realice por un profesional sanitario sujeto al secreto profesional o por otra persona sujeta asimismo a una obligación equivalente de secreto, sin perjuicio de que siempre puedan ser objeto de tratamiento para salvaguardar el interés vital del afectado o de otra persona, en el supuesto de que el afectado está física o jurídicamente incapacitado para dar su consentimiento [135] (ya vimos anteriormente las dificultades que plantea este precepto).

En fin, en segundo lugar, existe la necesidad de habilitar a las Administraciones públicas en el correcto ejercicio de sus funciones y competencias [136]. Dicha excepción se extiende, para que no haya lugar a dudas, a las instituciones y los centros sanitarios públicos y privados y a los profesionales correspondientes, que podrán proceder al tratamiento de los datos de carácter personal relativos a la salud de las personas que a ellos acudan o hayan de ser tratados en los mismos, de acuerdo con lo dispuesto en la legislación estatal o autonómica sobre sanidad [137]. Ha de tenerse en cuenta, además, que los datos de carácter personal relativos a la salud, y los que hacen referencia a la vida sexual, ideología, origen racial, religión y creencias, son datos especialmente protegidos y tienen la condición de datos sensibles, circunstancia que está recogida en el Convenio del Consejo de Europa sobre protección de datos (1981) y en la propia legislación española.

[134] Artículo 7.3 de la citada ley.

[135] Artículo 7.6 de la ley citada.

[136] Artículo 6.2 de la LOPD.

[137] Artículo 8 de la citada ley orgánica de protección de datos y concordantes de la ley general de sanidad.

IV.3.6. **Consecuencias**

De todo lo expuesto anteriormente se pueden extraer las siguientes consecuencias:

a) Una cierta dificultad en el planteamiento de la ley de protección de datos en lo que se refiere a los datos de salud, ya que, por un lado, requiere el consentimiento expreso o inequívoco, y, por otro, establece excepciones a dicho principio de una enorme amplitud (por ejemplo, para la gestión de servicios sanitarios).

b) Una falta de correlación con los ámbitos sanitarios, donde la exigencia del consentimiento expreso o inequívoco (esto es, por escrito), con carácter general, produciría una burocratización de consecuencias incalculables.

c) Una remisión a lo dispuesto en la legislación estatal o autonómica en sanidad.

d) Un diferente tratamiento para la información en la recogida de datos y para el consentimiento del afectado que, una vez más, plantea la forma más adecuada de su aplicación al ámbito de la salud. Así, la necesidad de los pacientes o usuarios de ser previamente informados de modo expreso, preciso e inequívoco de sus derechos (habeas data) se excepciona en casi toda su extensión [138] si el contenido de la información se deduce claramente de la naturaleza de los datos personales que se solicitan o de las circunstancias en que se recaban, lo que podría muy bien aplicarse al campo de la sanidad en muchas ocasiones (se trata del carácter obligatorio o facultativo de las respuestas a las preguntas, de las consecuencias de la obtención de los datos o de la negativa a suministrarlos y de la posibilidad de ejercitar los derechos de acceso, rectificación, cancelación y oposición). En todo caso, este derecho a la información

[138] En concreto, los apartados b, c y d, del apartado 1 del artículo 5 de la LOPD.

podría llevarse a efecto en el momento de la entrada en el sistema bajo diferentes formas (por ejemplo, al obtener la tarjeta individual sanitaria) pero sería de muy difícil implantación, por no decir imposible, en cada uno de los actos sanitarios que se lleven a cabo con los pacientes o usuarios.

e) Sobre lo anteriormente expuesto parece que la ley de autonomía del paciente está llamada a cumplir un papel importante, ya que es obvia la remisión a la misma y la importancia de su contenido para solucionar la serie de problemas planteados en la ley de protección de datos.

IV.3.7. **Algunas conclusiones**

1. Puede decirse que la ley de autonomía del paciente ha venido a colmar importantes lagunas que surgían de la aplicación de la ley de protección de datos al ámbito sanitario o de salud, por ejemplo, los centros sanitarios, en el sistema público, son los responsables de los ficheros de los historiales clínicos, ya que están obligados a adoptar las medidas oportunas para garantizar los derechos y elaborar, cuando proceda, las normas y los procedimiento protocolizados que garanticen el acceso legal a los datos de los pacientes (lo que supone, como es lógico, que dichas normas o procedimientos cumplan lo establecido en relación con el derecho a la protección de los datos de carácter personal) [139].

Otro tanto habría que decir respecto de los profesionales sanitarios que desarrollen su actividad de manera individual, que son responsables de la gestión y de la custodia de la documentación asistencial que generen [140].

[139] Artículo 3, apartado d) de la ley orgánica de protección de datos.

[140] Artículos 17.4 y 17.5 de la ley de autonomía del paciente. V. el artículo de Agustín Puente Escobar, *El tratamiento de los datos relativos a la salud, la ley 41/2002, de 15 de noviembre*. Revista Otrosí, correspondiente a septiembre de 2003, núm. 50, 3.ª Época.

2. La ley de autonomía del paciente señala cuál es el contenido mínimo de la historia clínica [141], lo que es tanto como establecer el principio de la calidad de los datos que señala la ley de protección de datos [142], consistente, como es sabido, en que dichos datos solo se pueden recoger o ser sometidos a tratamiento cuando sean adecuados, pertinentes y no excesivos en relación con el ámbito y las finalidades determinadas, explícitas y legítimas para las que se hayan obtenido, sin perjuicio de la ampliación que puedan hacer las leyes de las comunidades autónomas.

3. La regla general en el ámbito sanitario es el consentimiento verbal, no el escrito, sin perjuicio de las excepciones existentes, que son múltiples y responden a diferentes finalidades (por ejemplo, intervenciones quirúrgicas, procedimientos diagnósticos y terapéuticos invasores y, en general, aplicación de procedimientos que supongan riesgos o inconvenientes de notoria y previsible repercusión negativa sobre la salud del paciente, además, de otros como los trasplantes, la reproducción humana asistida o los ensayos clínicos).

4. La regla de la información establecida en la ley de protección de datos puede tener excepciones en el ámbito sanitario (previstas por la propia ley de protección de datos). En otro caso, conviene armonizar dicho derecho de información con las exigencias del normal funcionamiento de la actividad sanitaria, de suerte que cada acto sanitario (reiterado, repetitivo o múltiple) no requiera la aplicación formal de dicho derecho.

5. La regla general, en orden al acceso de los datos de la historia clínica, obliga a preservar los datos de identificación personal del paciente, separados de los de carácter clínico-asistencial, de manera que como regla general quede asegurado el anonimato, salvo que el propio paciente haya dado su consentimiento para no separarlos

141 Art. 15.2. de la ley de autonomía del paciente.
142 Art. 4 de la ley de protección de datos.

(disociación). Sin embargo, se exceptúan los supuestos de investigación de la autoridad judicial en los que se considere imprescindible la unificación de los datos identificativos con los clínico-asistenciales, y el caso del personal sanitario debidamente acreditado que ejerza funciones de inspección, evaluación, acreditación y planificación (por supuesto, en el cumplimiento de sus funciones). Por último, ha de tenerse en cuenta que el personal de administración y gestión de los centros sanitarios sólo puede acceder a los datos de la historia clínica relacionados con sus propias funciones (nivel de acceso limitado) [143].

6. Conviene recordar que existen plazos de adaptación a la ley de protección de datos [144]. En concreto, los ficheros preexistentes a la entrada en vigor de la ley de protección de datos (14 de enero del año 2000), en soporte papel, tienen un plazo de adaptación hasta el 25 de octubre de 2007. En consecuencia, si no son preexistentes, sino que se crean con posterioridad a la entrada en vigor de la citada ley, se les aplicará la misma.

7. La ley de protección de datos contempla la posibilidad de que los responsables de los ficheros y tratamientos puedan ampliar o adecuar a las peculiaridades del sector en el que operan las previsiones normativas sobre protección de datos personales que, no obstante, habrán de respetarse plenamente [145].

8. Por todo lo expuesto, parece razonable postular la necesidad de una ley específica de protección de datos en el campo sanitario, máxime si se tiene en cuenta que debe abarcar los datos genéticos, los cuales requieren una protección especial.

[143] Art. 16 de la ley de autonomía del paciente.

[144] Disposición adicional primera de la ley de protección de datos.

[145] El mecanismo para ello es el de la elaboración de Códigos Tipo de los que se trata a continuación.

IV.4. Disociación de datos

Conviene advertir que cuando los datos se disocian no hay posibilidad de aplicar la ley orgánica de protección de datos, ya que la norma regula los datos de carácter personal, lo que supone la necesidad de identificación [146]. Y así establece, a propósito de la comunicación o cesión de datos, que no es aplicable lo dispuesto en la norma si la comunicación se efectúa previo procedimiento de disociación [147].

IV.5. Una posibilidad de autorregulación: los códigos tipo y su impacto en el campo sanitario

La LOPD contempla la posibilidad de que los responsables de los ficheros y tratamientos puedan ampliar o adecuar a las peculiaridades del sector en el que operan, las previsiones normativas sobre protección de datos personales que, no obstante, habrán de respetarse plenamente [148].

En este sentido, como afirma Rubí Navarrete, de la Agencia Española de Protección de Datos, los códigos tipo son códigos deontológicos o de

[146] En el apartado f) del art. 3 de la LOPD se define el proceso de disociación como *«todo tratamiento de datos personales de modo que la información que se obtenga no pueda asociarse a persona identificada o identificable»*.

[147] Arts. 4 y 11.6 de la citada ley.

[148] Art. 32 de la LOPD: *«Códigos Tipo. 1. Mediante acuerdos sectoriales, convenios administrativos o decisiones de empresa, los responsables de tratamientos de titularidad pública y privada, así como las organizaciones en que se agrupen, podrán formular códigos tipo que establezcan las condiciones de organización, régimen de funcionamiento, procedimientos aplicables, normas de seguridad del entorno, programas o equipos, obligaciones de los implicados en el tratamiento y uso de la información personal, así como las garantías, en su ámbito, para el ejercicio de los derechos de las personas con pleno respeto a los principios y disposiciones de la presente Ley y sus normas de desarrollo.*

2. Los citados códigos podrán contener o no reglas operacionales detallas de cada sistema particular y estándares técnicos de aplicación. En el supuesto de que tales reglas o estándares no se incorporen directamente al código, las instrucciones u órdenes que los establecieran deberán respetar los principios fijados en aquél».

buena práctica profesional elaborados por los responsables del tratamiento de datos personales para ampliar o facilitar el cumplimiento de las obligaciones establecidas en la normativa sobre protección de datos personales, incrementar las garantías de los ciudadanos y el ejercicio de sus derechos, reforzar las estructuras organizativas y técnicas en el tratamiento de aquéllos y, en particular, las medidas de seguridad; o contemplar procedimientos específicos para la tutela de los principios y derechos exigibles en esta materia [149].

Los códigos tipo deben ser depositados o inscritos en el Registro General de Protección de Datos y, cuando proceda, en el de la Comunidad Autónoma correspondiente, que podrán denegar la inscripción de los mismos cuando consideren que no se ajustan a las disposiciones legales y reglamentarias sobre la materia [150].

Su aplicación al campo sanitario es perfectamente posible, tanto en el ámbito privado como en el público, ya que la regulación de la LOPD sobre esta materia es flexible y permite que puedan adaptarse a las necesidades de una sola empresa o de la totalidad o parte de un sector empresarial o profesional, sin distinción del carácter público o privado del responsable del fichero.

No obstante, como recuerda la Agencia Española de Protección de Datos en su Memoria del año 2002, la adhesión al código en ningún caso modifica el régimen de obligaciones establecido por la LOPD y resto de normativa vigente en materia de protección de datos. Por ello, los adheridos al código previamente cumplirán todas las obligaciones legales establecidas, con especial consideración a las que se refieren a la notificación al Registro General de Protección de Datos de los ficheros existentes y la aplicación de las medidas de seguridad correspondientes, según el Reglamento de Seguridad [151].

[149] JESÚS RUBÍ NAVARRETE. *Los códigos tipo: la alternativa de la autorregulación.* Revista *Actualidad Informática Aranzadi*, núm. 35, abril de 2000.

[150] V. art. 32.3 de la LOPD; art. 18.2 de la Ley 8/2001, de 13 de julio, de Protección de Datos de Carácter Personal en la Comunidad de Madrid; y art. 15.2 de la Ley 5/2002, de 19 de abril, de la Agencia Catalana de Protección de Datos.

[151] V. pág. 257 de la Memoria de la Agencia del año 2002.

Como ejemplo de dos Códigos Tipo para el sector sanitario, que figuran inscritos en la Agencia Española de Protección de Datos, podemos citar los promovidos a instancia de sendas agrupaciones empresariales de centros sanitarios catalanes, constituidas en 1977. Nos referimos al *Código Tipo de la Agrupación Catalana de Establecimientos Sanitarios (ACES)*, que se trata de una asociación privada sin ánimo de lucro, integrada por centros y establecimientos sanitarios privados de la Comunidad Autónoma de Cataluña; y al *Código Tipo de la Unión Catalana de Hospitales (UCH)*, que consiste igualmente en una asociación empresarial voluntaria de entidades prestadoras de asistencia sanitaria, sociosanitaria y social y de otras entidades proveedoras de bienes y servicios a aquéllas, cuyo ámbito de actuación se limita igualmente a Cataluña.

En ambos casos los Códigos Tipo establecen una serie de pautas interpretativas de las disposiciones de la LOPD, dirigidas a implantar un régimen homogéneo de protección de datos de carácter personal en el seno de sus respectivos centros asociados, y contienen modelos de impresos de información y formularios para el ejercicio de los derechos de acceso, rectificación, etc., de los usuarios, así como para otras cuestiones relacionadas con la materia.

Además, se prevén mecanismos propios de depuración interna de responsabilidades, adicionales a los dispuestos en la LOPD, con sanciones que pueden conllevar la pérdida de la condición de socios para los centros o establecimientos infractores.

En cualquier caso, interesa destacar aquí algunas previsiones de estos Códigos Tipo en cuanto suponen criterios aceptados por la Agencia Española de Protección de Datos en el ámbito sanitario.

IV.5.1. El Código Tipo de la Agrupación Catalana de Establecimientos Sanitarios (en adelante ACES)

Por lo que se refiere al *deber de información* a los afectados en la recogida de sus datos, previsto en la LOPD, el Código Tipo de la ACES indica que dicho deber se cumplimentará entregando al interesado un 'documento de información' (cuyo modelo predefinido se incluye), en el que figuren los datos recabados así como las circunstancias exigidas por la LOPD para los supuestos de la asistencia sanitaria (existencia del fichero, finalidad de la recogida de datos y destinatarios, identidad y dirección del responsable del tratamiento) [152]. Asimismo, establece que del documento de información se entregarán dos copias al interesado, requiriéndole para que firme una que conservará el responsable del fichero, o el personal autorizado que recabe personalmente los datos, en el archivo correspondiente al paciente, y ello como prueba de la información prestada.

En cuanto a la obligación de recabar el *consentimiento para el tratamiento* de los datos, distingue, a nuestro juicio de forma discutible, si se trata de datos de carácter personal sujetos al régimen general, en cuyo caso exige obtener autorización expresa por escrito, o de datos de carácter personal relativos a la salud, para los que aplica la excepción de la LOPD que indica que los mismos podrán ser objeto de tratamiento (sin consentimiento del afectado) cuando éste resulte necesario para la prevención o para el diagnóstico médicos, la prestación de asistencia sanitaria o tratamientos médicos o la gestión de los servicios sanitarios, siempre que dicho tratamiento de datos se realice por un profesional sanitario sujeto al secreto profesional o por otra persona sujeta asimismo a una obligación equivalente de secreto [153].

Respecto de la obligación de *secreto profesional* con relación a los datos de carácter personal, que la LOPD exige al responsable del fichero y a quienes intervengan en cualquier fase del tratamiento de los datos, incluso después de finalizar las relaciones laborales con el titular del fichero [154], el Código Tipo de la ACES incorpora un modelo de 'compromiso escrito', en el que, además de recordar al trabajador las citadas exigencias legales, le obliga a asumir personalmente el compromiso de cumplimiento de las mismas y la eventual responsabilidad patrimonial en la que pudiera incurrir el

[152] V. art. 5.1 y 5.3 de la LOPD.
[153] Art. 7.6 de la LOPD.
[154] Art. 10 del mismo texto legal.

centro sanitario al que pertenezca, si éste fuera sancionado o tuviera que responder por los daños y perjuicios causados como consecuencia de la infracción de este deber de secreto del trabajador.

Para la *comunicación de datos a terceros* relacionados con las funciones del cedente, y con la salvedad de los casos de la urgencia médica y los estudios epidemiológicos, respecto de los que la LOPD exonera de prestar consentimiento [155], el Código Tipo de la ACES establece un sistema de aceptación tácita por el que se presume la prestación del consentimiento a la cesión si, recibido un comunicado informativo al efecto, el interesado no manifestara su oposición en el término de 15 días naturales contados a partir del día siguiente a la recepción del comunicado, y ello sin perjuicio de la facultad de aquél de revocar el consentimiento en cualquier momento. No obstante, respecto de la comunicación de datos a las compañías aseguradoras el Código Tipo prescribe que sólo se comunicarán los datos estrictamente necesarios y exige, en caso de negativa del interesado, una manifestación explícita de éste en tal sentido marcando la opción correspondiente habilitada en el impreso. Lógicamente, si el interesado desautoriza la comunicación la consulta médica se evacuará y facturará como correspondiente a un paciente particular.

IV.5.2. El Código Tipo de la Unión Catalana de Hospitales (en adelante la UCH) [156]

El código es de aplicación al tratamiento de datos de carácter personal contenidos en los ficheros de historias clínicas de los pacientes, sea cual sea su soporte y modalidad de tratamiento, es decir, tanto ficheros informatizados o en soporte magnético, como ficheros convencionales no automatizados.

[155] Art. 11.2, f), de la LOPD. En el caso de los estudios epidemiológicos se refiere a los que se realicen en los términos de la legislación sobre sanidad estatal o autonómica.

[156] El código es fruto de un acuerdo de la Junta Directiva de la UCH, de fecha 25 de abril de 2002, en la que se aprobó el texto del Código, refrendado por unanimidad en la Asamblea de asociados de fecha 29 de abril del mismo año (Memoria de la Agencia Española de Protección de Datos del ejercicio 2002, pág. 257).

Para el cumplimiento de la *obligación de información*, prevista en la LOPD, el Código Tipo de la UCH dispone que la misma se llevará a efecto a través de los siguientes medios: a) entrega a los usuarios de una hoja informativa (con el contenido del modelo que se incorpora al Código); b) inserción en los folletos de información general del centro de una leyenda relativa a los extremos esenciales de la hoja informativa referida; y c) ubicación de paneles informativos en las áreas de admisiones y salas de espera de los centros. En cualquier caso, se entenderá acreditado el cumplimiento de la obligación de información mediante la custodia de un ejemplar del documento de información firmado por el usuario.

Al contrario de lo que veíamos en el Código tipo de la ACES respecto de la *obligación de prestar consentimiento*, en el de la UCH no se distingue a estos efectos entre datos de carácter personal generales y datos de carácter personal sanitarios. Para la UCH se habla sólo de ficheros de pacientes (que incluyen datos de pacientes e historia clínica), remitiéndose al régimen especial previsto en el LOPD para los datos de salud (que permite prescindir del consentimiento), y sin incluir ningún modelo de documento de consentimiento para el tratamiento de los mismos.

En cuanto a la obligación de *secreto profesional*, el Código Tipo de la UCH contiene, respecto al personal no vinculado al proceso asistencial pero con acceso a los datos contenidos en los ficheros de pacientes, la indicación de que se obtenga, por parte de la entidad con la que ostente contrato de trabajo, la firma de un documento de compromiso (que se incluye en el Código) relativo al cumplimiento del deber de secreto y que contenga las advertencias pertinentes en relación a las consecuencias que implicaría su incumplimiento, tanto desde una perspectiva disciplinaria laboral, como desde la perspectiva del derecho de repetición que la entidad ostenta ante posibles sanciones o indemnizaciones económicas a las que tuviera que hacer frente por la transgresión del citado deber.

Por lo que se refiere a la *cesión de datos a terceros* conviene destacar dos supuestos: en primer lugar, el caso de la cesión de datos al financiador de los servicios sanitarios (sistema público de salud o entidades privadas de salud, mutualidades, etc.). Aquí el Código Tipo determina que dicha cesión se realizará sólo en relación a los datos necesarios para poder establecer los criterios de pago adecuados, y deberá contar con el consentimiento del usuario, al cual se le advertirá de que la negativa a prestar dicho consentimiento conllevará el nacimiento de la obligación de pago directo a su cargo de los costes de la asistencia que le sea prestada.

Y en segundo lugar, llamamos la atención sobre el supuesto del uso de servicios intermedios sanitarios externos (transporte sanitario, diagnóstico por la imagen, laboratorio, etc.) y la realización de técnicas diagnósticas y terapéuticas especializadas. En estos casos, para el Código Tipo de la UCH no se está ante una cesión de datos, sino que la situación se contempla como un *acceso a los datos por terceros* [157] y, por tanto, no es necesario el consentimiento, sin perjuicio de que en el documento de información anteriormente aludido se haga mención genérica de esta transmisión de datos en el ámbito de las necesidades materiales para la correcta prestación del servicio, y sin perjuicio también de que haya de establecerse por escrito contrato o acuerdo con la empresa colaboradora donde se determine claramente que los datos serán tratados de acuerdo a las instrucciones facilitadas por el responsable del tratamiento y que el encargado del mismo no los aplicará a otra finalidad diferente, ni los comunicará a terceros [158].

Para RUBÍ NAVARRETE, a pesar del acceso material que se produce en estos casos por parte de los terceros, esta interpretación de la ley es correcta siempre que se cumplan todos los requisitos contenidos en la LOPD para

[157] Este planteamiento se apoya en lo previsto en el art. 12.1 de la LOPD donde se dice que *«no se considerará comunicación de datos el acceso de un tercero a los datos cuando dicho acceso sea necesario para la prestación de un servicio al responsable del tratamiento»*.

[158] Estos requisitos se incluyen en el apartado 2 del citado art. 12 de la LOPD. No obstante, debe recordarse sobre este asunto que el apartado 3 de este mismo precepto exige como requisitos adicionales para que podamos considerar que se trata de un acceso necesario que, *«... una vez cumplida la relación contractual, los datos de carácter personal serán destruidos o devueltos al responsable del tratamiento, al igual que cualquier soporte o documentos en que conste algún dato de carácter personal objeto del tratamiento»*. Además, habrá de establecerse en el contrato la obligación del tercero de adoptar las mismas medidas de seguridad que se exigirían al responsable del fichero.

estos casos [159], porque si no es así desaparece la habilitación y se pasa a una situación en virtud de la cual el centro sanitario que está suministrando la información comete una cesión ilícita, que es siempre una infracción muy grave, y el encargado del tratamiento, el que presta el servicio, comete una infracción grave porque trata los datos sin el consentimiento de los afectados [160].

Conviene precisar también que, respecto al acceso por el paciente a sus datos personales, el Código Tipo de la UCH, acogiéndose a lo previsto en la ley catalana de autonomía del paciente y documentación clínica [161], reconoce explícitamente que los profesionales que han intervenido en la elaboración de los datos podrán invocar la reserva de sus observaciones, apreciaciones y anotaciones subjetivas, y por tanto, en esos casos, quedarán fuera del derecho de acceso. Otra remisión similar a la misma norma citada se incluye respecto de la cancelación de los datos sanitarios.

IV.5.3. **Medidas de protección de datos respecto de las historias clínicas no informatizadas (Código Tipo UCH)**

Finalmente, resultan a nuestro entender muy interesantes, por la conformidad de la propia Agencia Española de Protección de Datos, las fórmulas y mecanismos que, con el fin de garantizar unas medidas de seguridad adecuadas que permitan la protección de los derechos de los usuarios afectados, establece el Código Tipo de la UCH respecto de las Historias Clínicas no automatizadas, y que se concretan en lo siguiente [162]:

- Cada Historia Clínica ha de estar identificada por un número único para cada paciente de la entidad adherida y en ella se recogerá toda

[159] Es decir, todos los indicados en el mencionado art. 12 de la LOPD. Ver nota anterior.

[160] V. artículo de JESÚS RUBÍ NAVARRETE, «La autorregulación, alternativa a la falta de definición legal de los datos de salud». *Revista Actualidad del Derecho Sanitario*, núm. 94, mayo 2003.

[161] Art. 13 de la Ley 21/2000, de 29 de diciembre, sobre los derechos de información relativos a la salud, la autonomía del paciente y la documentación clínica.

[162] V. Memoria de la Agencia Española de Protección de Datos relativa al año 2002, págs. 259 y 260.

la información integrada y acumulativa relativa al curso clínico del paciente, incluyendo el acuse de recibo de que se ha facilitado al paciente la hoja de información en relación a sus derechos sobre los datos personales contenidos en la historia.

- Las Historias Clínicas se custodiarán en un archivo único, que contará con medidas de seguridad física apropiadas, pudiendo constituirse un archivo pasivo diferenciado, en el que se ubicarán las historias correspondientes a pacientes sin contacto con el centro durante un determinado periodo.

- En el caso de que este archivo pasivo se encuentre fuera de las dependencias del centro y gestionado por una empresa externa, deberá ser formalizado por escrito un contrato que regule expresamente el deber de confidencialidad del depositario de las Historias Clínicas, así como también el resto de obligaciones como encargado del tratamiento.

- En cada centro se establece un responsable de archivo de Historias Clínicas, que deberá velar por el adecuado cumplimiento de los sistemas de archivo, control e información, que deberán ser adecuados a las características y dimensiones del centro.

- Se establecen normas de acceso al archivo físico de Historias Clínicas, y los movimientos efectuados sobre las historias se reflejarán en un libro de registro mediante la anotación del motivo que origina la petición, fecha de entrega y fecha de devolución de la historia, de forma que sea posible su seguimiento. Durante la salida de la historia deberán establecerse medidas de seguridad mínimas que permitan restringir el acceso a personas no autorizadas.

- En ningún caso se permitirá la salida de una historia clínica de las dependencias del centro durante el período en que se ha hecho una petición por motivos asistenciales, docentes o de investigación.

- Si se produjera una petición de Historia Clínica por personal facultativo ajeno al centro por motivos docentes o de investigación, diferentes del propio proceso asistencial, deberá recabarse previa autorización expresa del paciente, siempre que los datos de la Historia Clínica no puedan ser entregados en modo disociado.

- Deberán establecerse los circuitos oportunos que permitan al paciente, o a su representante legal, ejercer el derecho de acceso a su propia Historia Clínica. La petición de acceso a la Historia Clínica deberá ser realizada por escrito y de manera que se acredite la identidad del solicitante.

- El paciente tendrá en cualquier caso acceso a la información que conste en su Historia Clínica relativa a informes de alta, informes de urgencias, informes de pruebas diagnósticas y exploraciones complementarias, analíticas y similares. Siempre que el profesional no invoque reserva al respecto, podrán entregarse también hojas de curso clínico y documentos similares que contengan apreciaciones subjetivas de los profesionales que han participado en el tratamiento del paciente.

- En ningún caso se entregará documentación original de la Historia Clínica, debiendo informarse de manera previa al solicitante, del coste que pudiera suponer la obtención de copias de la misma en los casos en que la obtención de la copia tenga un coste extraordinario por el soporte de la misma, ofreciendo, si es posible, alternativas al respecto.

- En aquellos casos en que se reciba una solicitud o requerimiento de información clínica procedente de la Administración de Justicia, solicitando la remisión de una Historia Clínica, se recabará la autorización del responsable del centro y únicamente se enviará copia de la documentación en ella contenida. La remisión de Historia Clínica se acompañará de un escrito del responsable del centro en el cual se manifieste el deber de confidencialidad de los datos clínicos.

- Las Historias Clínicas únicamente serán canceladas una vez transcurrido el plazo previsto por la normativa vigente (Ley 21/2000 de la Generalidad de Cataluña).

IV.6. LA SEGURIDAD DE LOS DATOS SANITARIOS

Como afirma MARTÍNEZ SÁNCHEZ [163], la protección de los derechos y libertades de las personas en relación al tratamiento automatizado de sus datos personales implica necesariamente adoptar medidas técnicas y organizativas apropiadas para garantizar la seguridad y confidencialidad de la información [164].

IV.6.1. El Reglamento de medidas de seguridad

El responsable del fichero (y, en su caso, el encargado del tratamiento) debe adoptar las medidas de índole técnica y organizativas necesarias para garantizar la seguridad de los datos de carácter personal y evitar su alteración, pérdida, tratamiento o acceso no autorizado, habida cuenta del estado de la tecnología, la naturaleza de los datos almacenados y los riesgos a que están expuestos [165]. Como ya hemos visto anteriormente, la naturaleza de la información sobre la salud es la de datos especialmente protegidos [166].

[163] MAR MARTÍNEZ SÁNCHEZ. Ver su artículo *Reglamento de medidas de seguridad de los ficheros automatizados que contengan datos de carácter personal.* Revista *Actualidad Informática Aranzadi*, núm. 35, abril de 2000.

[164] Como dice la citada autora, el artículo 7 del Convenio 108 para la protección de las personas con respecto al tratamiento automatizado de datos de carácter personal; los artículos 16 y 17 de la Directiva 95/46/CE, de 24 de octubre de 1995, relativa a la protección de las personas físicas en lo que respecta al tratamiento de datos personales y a la libre circulación de estos datos; y el artículo 4 de la Directiva 97/66/CE, de 15 de diciembre de 1997, relativa al tratamiento de los datos personales y protección de la intimidad en el sector de las telecomunicaciones, establecen la obligación del responsable del tratamiento de aplicar las medidas de seguridad técnicas y de organización adecuadas para la protección de los datos personales.

[165] V. Art. 9 de la LOPD, en cuyo apartado 2 se dice que no se registrarán datos de carácter personal en ficheros que no reúnan las condiciones que se determinen por vía reglamentaria con respeto a su integridad y seguridad y a las de los centros de tratamiento, locales, equipos, sistemas y programas.

[166] Art. 7.3 de la LOPD.

La norma que contiene las medidas de seguridad generales a adoptar en materia de protección de datos personales, es el citado Reglamento de medidas de seguridad de 1999 [167]. En esta norma se clasifican las medidas de seguridad exigibles en tres niveles: básico, medio y alto, que se disponen de forma acumulativa, de tal forma que todos los ficheros deben cumplir las previsiones establecidas para el nivel básico y además las vinculadas a los niveles medio y, en su caso, alto en el supuesto de que el fichero en cuestión contenga datos de los que obligan a su adopción [168].

[167] Real Decreto 994/1999, de 11 de junio, por el que se aprueba el Reglamento de medidas de seguridad de los ficheros automatizados que contengan datos de carácter personal.

Cabe decir que este Reglamento, en su Disposición transitoria única, y respecto de los sistemas de información que se encontraban en funcionamiento a su entrada en vigor (26 de junio de 1999), contemplaba un plazo de dos años para que se implantaran las medidas de seguridad de nivel alto (requeridas para los datos sobre la salud), prorrogable por otro más, en caso de existir dificultades de orden tecnológico. Pues bien, por apreciarse precisamente dificultades del carácter mencionado la citada prórroga fue dispuesta mediante Acuerdo de Consejo de Ministros de 22 de junio de 2001 (Resolución de 22 de junio de 2001, de la Subsecretaría del Ministerio de Justicia. BOE, núm. 151, de 25 de junio de 2001).

[168] Las medidas de seguridad que contiene el Reglamento son las siguientes:

Nivel de seguridad básico

Es el aplicable a todos los ficheros que contengan datos de carácter personal y requiere la implantación de las siguientes medidas de seguridad:

• Elaboración de un documento de seguridad (art. 8);

• Definición de las funciones y obligaciones del personal (art. 9);

• Creación de un Registro de incidencias (art. 10);

• Establecimiento de un procedimiento de identificación y autenticación para los accesos al sistema de información (art. 11);

• Establecimiento igualmente de un control de acceso que evite la obtención de información no autorizada (art. 12);

• Fijación de un procedimiento de gestión de soportes (art. 13), y

• Determinación de procedimientos para la realización de copias de respaldo y recuperación de datos (art. 14).

Cabe señalar que el plazo para la implantación de dichas medidas finalizó el 26 de marzo de 2000, por disposición del Real Decreto 195/2000, que vino a ampliar el primer plazo concedido.

Nivel de seguridad medio

Deberá aplicarse a los ficheros automatizados que contengan datos relativos a la comisión de infracciones administrativas o penales, hacienda pública, servicios financieros y a aquellos cuyo funcionamiento se rija por lo dispuesto en el artículo 29 de la LOPD.

El Reglamento cataloga los ficheros que contengan datos de salud como merecedores de la adopción de medidas de nivel alto, lo que constituye el grado máximo de seguridad exigible [169]. Asimismo, la citada norma exige

---

Las medidas a aplicar en estos ficheros son, además de las señaladas para el nivel básico, las siguientes:

• La designación de un responsable de seguridad (art.16);

• La realización de un auditoria de los sistemas de información e instalaciones de tratamiento de datos, al menos, cada dos años (art. 17), y

• Establecimiento de un control de acceso físico a los locales donde se encuentren ubicados los sistemas de información (art. 19).

El plazo para implantar las medidas de seguridad correspondientes al nivel medio finalizó el 26 de junio de 2000.

Nivel de seguridad alto

Las medidas de seguridad de nivel alto deberán reunirlas aquellos ficheros que contengan datos relativos a ideología, afiliación sindical, religión, creencias, origen racial, salud o vida sexual, así como los que se hayan recabado para fines policiales sin consentimiento de los afectados. Deberán adoptarse las siguientes, además de las medidas previstas para los otros niveles (básico y medio):

• Cifrado u otro mecanismo similar para la distribución de soportes que contengan datos (art. 23);

• Establecimiento de mayores controles en el Registro de accesos (art. 24);

• Conservación de las copias de respaldo y recuperación en un lugar diferente de aquél en el que se encuentren los equipos informáticos (art. 25). Y;

• Cifrado o adopción de medidas similares en la transmisión de datos a través de redes de telecomunicaciones de forma que se garantice que la información no sea inteligible ni manipulada por terceros (art. 26).

En cuanto al plazo para su implantación, también finalizado, véase lo manifestado en la nota anterior.

[169] V. Art. 4.3 del citado Reglamento, donde se dice: «*Los ficheros que contengan datos de ideología, religión, creencias, origen racial, salud o vida sexual, así como los que contengan datos recabados para fines policiales sin consentimiento de las personas afectadas deberán reunir, además de las medidas de nivel básico y medio, las calificadas de nivel alto*».

[170] V. Art. 8.2 del Reglamento, que establece el contenido mínimo del *documento de seguridad*, citando «*los siguientes aspectos:*

a) *Ámbito de aplicación del documento con especificación detallada de los recursos protegidos.*

b) *Medidas, normas, procedimientos, reglas y estándares encaminados a garantizar el nivel de seguridad exigido en este Reglamento.*

c) *Funciones y obligaciones del personal.*

la elaboración de un *documento de seguridad*, de obligado cumplimiento para todo el personal con acceso a los datos, y donde se regulen todos los aspectos relacionados con la seguridad (medidas, normas, procedimientos, reglas, funciones del personal, respuesta ante incidencias, etc.) [170].

Un modelo interesante de documento de seguridad, formulado de forma abierta para los profesionales y centros sanitarios de habla hispana, es el elaborado por el Grupo de Trabajo de responsables y técnicos de sistemas de información del *Consorcio Hospitalario de Cataluña* (CHC), cuyo objetivo es reflejar la estructura, las medidas, normas, procedimientos, reglas, estándares, que afectan a los ficheros, centros de tratamiento, lugares de trabajo, equipos, sistemas, programas, y personas que intervienen en el tratamiento de los datos en el Hospital, tanto en lo que se refiere a confidencialidad, como integridad y disponibilidad; y todo ello conforme al Reglamento de medidas de seguridad [171].

Entre las medidas técnicas que conlleva el nivel alto de protección aplicable a los datos sanitarios destaca la de la obligatoriedad del cifrado (o cualquier otro mecanismo similar) de estos últimos, tanto en la distribución de los soportes informáticos donde se encuentren dichos datos, como en la transmisión de los últimos a través de redes de comunicaciones, todo ello al objeto de garantizar que la información no sea inteligible ni manipulable por terceros [172].

---

d) *Estructura de los ficheros con datos de carácter personal y descripción de los sistemas de información que los tratan.*

e) *Procedimiento de notificación, gestión y respuesta ante las incidencias.*

f) *Los procedimientos de realización de copias de respaldo y de recuperación de los datos».*

Por su parte, el art. 15 del mismo texto, establece que en los casos en que sea preciso adoptar las medidas de seguridad de nivel medio, el documento de seguridad deberá contener, además de lo anterior, la identificación del responsable de seguridad, los controles periódicos y las medidas a adoptar cuando un soporte vaya a ser desechado o reutilizado.

[171] V. el trabajo *Protección de datos de salud. Criterios y plan de seguridad*, PAU LÓPEZ, FRANCESC MOYA, SANTIAGO MARIMÓN e IGNASI PLANAS. Ed. Díaz de Santos, 2001.

[172] V. Arts. 23 y 26 del Reglamento.

También resulta obligada para los datos sanitarios la llevanza de un *Registro de accesos*, en el que se guarde, de cada acceso, como mínimo, la identificación del usuario, la fecha y hora en que se realizó, el fichero accedido, el tipo de acceso y si fue autorizado o denegado [173]. Además, en estos casos el período mínimo de conservación de los datos registrados será de dos años [174].

IV.6.2. **La firma electrónica**

El instrumento jurídico incorporado a nuestro Derecho interno que posibilita la preservación de la integridad y autenticidad de la información en las transmisiones electrónicas de datos, así como la identidad del remitente, es la firma electrónica [175].

[173] V. Art. 24 del Reglamento, donde se dice, además, que los mecanismos que permiten el registro de los datos estarán bajo el control directo del responsable de seguridad sin que se deba permitir, en ningún caso, la desactivación de los mismos. Este responsable tendrá que revisar periódicamente la información de control registrada y elaborará un informe de las revisiones realizadas y los problemas detectados, al menos, una vez al mes.

[174] V. Art. 24.4 del citado Reglamento, si bien habrá de tenerse en cuenta los plazos mínimos que se establezcan por la normativa sanitaria para la conservación, en cada caso, de la información clínica.

[175] Se regula por la Ley 59/2003, de 19 de diciembre, de firma electrónica, donde se la define como *«el conjunto de datos en forma electrónica, consignados junto a otros o asociados con ellos, que pueden ser utilizados como medio de identificación del firmante»* (art. 3.1).

En esta norma se contiene igualmente la definición de 'firma electrónica avanzada' como aquella *«que permite identificar al firmante y detectar cualquier cambio ulterior de los datos firmados, que está vinculada al firmante de manera única y a los datos a que se refiere y que ha sido creada por medios que el firmante puede mantener bajo su exclusivo control»* (art. 3.2).

Igualmente, se habla en la ley de 'firma electrónica reconocida' como *«la firma electrónica avanzada basada en un certificado reconocido y generada mediante un dispositivo seguro de creación de firma»* (art. 3.3), indicándose también que *«la firma electrónica reconocida tendrá respecto de los datos consignados en forma electrónica el mismo valor que la firma manuscrita en relación con los consignados en papel»* (art. 3.4).

Otras de las aportaciones de esta ley (que deroga al Decreto-Ley 14/1999, de 17 de septiembre, sobre firma electrónica) consiste en la regulación del 'D.N.I. electrónico', como elemento que acredita la identidad de su titular en cualquier procedimiento administrativo y permite la firma electrónica de documentos (arts. 15 y 16).

Como indica GARCÍA MÁS las firmas electrónicas son unos mecanismos o instrumentos utilizados para conseguir, en redes informáticas abiertas, la seguridad de la identidad del sujeto que emite un mensaje y el contenido del mismo. Para ello se parte de la ayuda de la criptografía, es decir, de la encriptación o enmascaración de la información [176].

Pues bien, ÁLVAREZ-CIENFUEGOS considera que precisamente la implantación de la firma electrónica en el mundo sanitario constituye todo un reto para los servicios de salud, dada la especial sensibilidad de los datos relativos a la salud de los ciudadanos y debido a que, para permitir su circulación electrónica, se requiere, además de unas estrictas medidas de seguridad para evitar accesos no autorizados, una perfecta identificación de los usuarios [177].

Además, para conseguir dicha finalidad, es preciso que el Estado, en cumplimiento de lo establecido por la *Directiva europea sobre la firma electrónica*, vele y controle el hecho de que los proveedores de servicios de certificación y los organismos nacionales competentes en materia de acreditación y supervisión cumplan la normativa sobre protección de datos [178].

[176] FRANCISCO JAVIER GARCÍA MÁS. *La firma electrónica: Directiva y Real Decreto-Ley 14/1999, de 17 de septiembre*. Revista Actualidad Civil Aranzadi, núm. 18, semana 1 al 7 de mayo de 2000.

[177] JOSÉ MARÍA ÁLVAREZ-CIENFUEGOS SUÁREZ. *La aplicación de la firma electrónica y la protección de datos relativos a la salud*. ob. cit... En este trabajo el citado autor concluye que «*La Ley de Protección de Datos de 1999, concebida como una garantía general y básica de la intimidad de los ciudadanos, en los términos que ha reconocido recientemente el Tribunal Constitucional en sus Sentencias de 30 de noviembre de 2000, al proclamar el derecho de los ciudadanos a la 'libertad informática', resulta insuficiente para una adecuada protección de los datos relativos a la salud de las personas, siendo necesario la publicación de una ley que, de forma específica, contemple esta protección*».

[178] V. Art. 8, de la *Directiva 1999/93/CE, del Parlamento Europeo y del Consejo, de 13 de diciembre de 1999, por la que se establece un marco comunitario para la firma electrónica.*

IV.7. Transferencia internacional de datos personales de salud

En el mundo globalizado en el que vivimos se producen con frecuencia intercambios de datos personales entre entidades que manejan datos de salud, que se encuentran en diferentes países y cuya normativa de protección de datos es también distinta, lo que en determinadas ocasiones puede hacer perder a los ciudadanos de la Unión Europea el elenco de garantías que sobre el control de sus propios datos tienen reconocidos en su países de origen, donde las disposiciones internas en esta materia se encuentran armonizadas dentro del marco de la Directiva sobre protección de datos [179].

Por esta razón, en España la LOPD sienta el *principio general* de que no podrán realizarse transferencias temporales ni definitivas de datos de carácter personal, que hayan sido objeto de tratamiento o hayan sido recogidos para someterlos a dicho tratamiento, con destino a países que no proporcionen un nivel de protección equiparable [180], salvo que, además de haberse observado lo dispuesto en la citada LOPD, se obtenga autorización previa del Director de la Agencia Española de Protección de Datos, una vez comprobada la existencia de garantías adecuadas [181].

[179] *Directiva 95/46/CE del Parlamento y del Consejo, de 24 de octubre, relativa a la protección de las personas físicas en lo que respecta al tratamiento de datos personales y a la libre circulación de estos datos.*

[180] En el art. 33.2, k) de la LOPD, se admite la transferencia cuando la misma tenga como destino un Estado miembro de la Unión Europea, o un Estado respecto del cual la Comisión de las Comunidades Europeas, en el ejercicio de sus competencias, hubiera declarado que garantiza un nivel de protección adecuado.

[181] Art. 33.1 de la LOPD. En el apartado 2 de este mismo artículo se dice que el carácter adecuado del nivel de protección que ofrece el país de destino ha de ser evaluado por la Agencia Española de Protección de Datos, tomando en consideración la naturaleza de los datos, la finalidad y la duración del tratamiento o de los tratamientos previstos, el país de origen y el país de destino final, las normas de derecho, generales o sectoriales, vigentes en el país tercero de que se trate, el contenido de los informes de la Comisión de la Unión Europea, así como las normas profesionales y las medidas de seguridad en vigor en dichos países.

Actualmente son países que ofrecen un nivel de protección adecuado todos los que pertenecen al espacio europeo de protección, esto es, todos los comunitarios y aquellos pertenecientes

A la regla general anterior, la LOPD opone una serie de excepciones entre las que se encuentran los supuestos en los que el afectado haya dado su consentimiento inequívoco a la transferencia prevista, o que la misma sea necesaria para la prevención o para el diagnóstico médico, la prestación de asistencia sanitaria o tratamiento médico o la gestión de servicios sanitarios (por ejemplo, en ciertos casos de práctica de la telemedicina, o de utilización de un seguro médico en otro país) [182].

No obstante, con el fin de clarificar qué debe entenderse realmente por una transferencia internacional de datos personales, debemos acudir a la Instrucción 1/2000, de la Agencia Española de Protección de Datos [183], donde se matiza que este concepto abarca dos realidades distintas: por un lado, son transferencias internacionales de datos aquellas en las que se produce una 'comunicación' de datos a un tercero fuera de España que actúa por cuenta propia decidiendo sobre la finalidad del tratamiento (que es, por tanto, el responsable del tratamiento). Son los casos en que la comunicación de datos entre el cedente y el cesionario se produce para el cumplimiento de los fines directamente relacionados con las funciones legítimas de uno y otro (por ejemplo, la utilización en España de una tarjeta de asistencia sanitaria cuya entidad proveedora tenga su centro de operaciones en otro país) [184].

Y, por otro lado, también se califican como transferencias internacionales de datos, aquellas que no implican una comunicación en el sentido

---

al espacio económico europeo, como Noruega e Islandia. También ofrecen un nivel de protección adecuado aquellos países que, ajenos a la integración europea, disponen de un sistema de protección cuya suficiencia haya sido reconocida por la Comisión de las Comunidades Europeas (Suiza, Hungría, Canadá y EEUU, este último en el marco del Régimen de Puerto Seguro).

[182] Estos casos se relacionan en el apartado 33.2 de la LOPD donde además se citan los siguientes: cuando la transferencia internacional de datos de carácter personal resulte de la aplicación de tratados o convenios en los que sea parte España; cuando se haga a efectos de prestar o solicitar auxilio judicial internacional; cuando sea necesaria para la ejecución de un contrato entre el afectado y el responsable del fichero o para la adopción de medidas precontractuales adoptadas a petición del afectado, etc.

[183] Instrucción 1/2000, de 1 de diciembre, de la Agencia Española de Protección de Datos.

[184] V. art. 11 de la LOPD.

indicado anteriormente, sino que el tercero situado fuera de España va a actuar como mero encargado del tratamiento del transmitente y por cuenta de este último (por ejemplo, un centro hospitalario privado español subcontrata con otra entidad localizada en el extranjero la realización de determinados actos de administración y gestión de las historias clínicas electrónicas que están bajo su custodia).

En este sentido, como sostiene la profesora SANCHO VILLA, una transferencia internacional de datos personales relevante para el ordenamiento español, es aquella que supone la salida 'física' al extranjero de datos personales que se encuentran en territorio español, al margen de que dicha transmisión suponga también la salida 'jurídica' en el sentido de la pérdida de competencia de la ley española (no se produce la salida jurídica —aunque sí física— cuando el receptor de los datos establecidos en el extranjero es un mero encargado). También es indiferente a efectos conceptuales que la transferencia se produzca entre sujetos de Derecho público o privado [185].

La transferencia internacional de datos personales, en cuanto supone la cesión a un tercero de dichos datos, requiere que responda a fines directamente relacionados con las funciones legítimas del cedente y del cesionario, y que se cuente con el previo consentimiento del interesado, salvo en una serie de supuestos que parcialmente hemos analizado anteriormente en esta obra al tratar de la cesión de los datos de salud, y de los que ahora nos interesa resaltar el relativo a que el tratamiento responda a la libre y legítima aceptación de una relación jurídica (de un contrato) cuyo desarrollo, cumplimiento y control implique necesariamente dicha cesión, siempre que, además, la misma se limite a la finalidad que la justifique [186].

Por tanto, como manifiesta la citada profesora SANCHO VILLA, con carácter general (dejando a salvo los supuestos exceptuados por la ley), si la finalidad del tratamiento de datos personales va a conllevar su transferencia in-

[185] DIANA SANCHO VILLA. *Transferencia Internacional de Datos Personales*. Agencia Española de Protección de Datos (Premio Protección de Datos Personales VI Edición). Madrid, 2003 (pág. 26).

[186] Art. 11.2, c) de la LOPD.

ternacional será necesaria la concurrencia de dos consentimientos por más que se superpongan: uno para la recogida de datos y otro para la transferencia de los mismos, pudiendo incluso coexistir la necesidad de un tercer consentimiento si la transferencia se desea llevar a efecto a un país que no garantiza un nivel de protección adecuado y se quiere hacer sin contar con la autorización del Director de la Agencia Española de Protección de Datos [187].

Finalmente, resulta interesante referirnos aquí al *caso de la Sra. Lindqvist*, resuelto por Sentencia del Tribunal de Justicia de las Comunidades Europeas, de 6 de noviembre de 2003 [188], en el que se estudió, entre otras cuestiones, si el alojamiento de datos personales en páginas «web» accesibles desde internet podía calificarse o no, de acuerdo con la Directiva europea sobre protección de datos de 1995 [189], como una transferencia internacional de los mismos, en la medida en que una persona que se encuentra en un país tercero puede con su ordenador personal acceder a ellos.

En concreto el supuesto enjuiciado trataba sobre una catequista sueca, la citada Sra. Lindqvist, que creó en su casa varias páginas «web» con su ordenador personal, con el fin de facilitar la búsqueda de información a los feligreses de su parroquia que se preparaban para la confirmación, incluyendo datos personales de aquéllos (nombre, aficiones, teléfono, funciones, situación familiar, incluso lesiones físicas) sin informarles acerca de su publicación a través de sus páginas «web» y sin comunicarlo a la Autoridad sueca de protección de datos.

Pues bien, el Tribunal consideró que no cabía presumir que el legislador comunitario tuviera la intención en el año 1995 de incluir en el concepto de transferencia de datos personales a un país tercero, la difusión de éstos en una página «web» por parte de una persona que se encuentre en un Estado miembro de la Unión Europea, ni siquiera cuando dichos datos estu-

[187] *Transferencia Internacional de Datos Personales*, ob. cit., pág. 46.

[188] Sentencia de 6 de noviembre de 2003 del Tribunal de Justicia de las Comunidades Europeas. Asunto C-101/01 (Ponente Sr. D.A.O. Edward). V. apartados 24 a 27 y 56 a 71 de la citada resolución.

[189] Directiva 95/46/CE, anteriormente citada.

vieran al alcance de personas de países terceros. De otra forma, decía el Tribunal, habría que considerar forzosamente que en estos casos existiría siempre una transferencia a todos los países terceros en los que existen medios técnicos necesarios para acceder a Internet, y los Estados miembros estarían obligados a impedir cualquier difusión de los datos personales a través del citado sistema de comunicación. En consecuencia, para el Tribunal no existe transferencia internacional de datos en estos supuestos, en el sentido contemplado en la Directiva europea.

V
PARTICULARIDADES DE LA PROTECCIÓN DE DATOS PERSONALES: ENSAYOS CLÍNICOS, REPRODUCCIÓN HUMANA ASISTIDA Y FARMACIA COMUNITARIA

V.1. La protección de los datos personales en los ensayos clínicos

La regulación de los ensayos clínicos en España está recogida por la Ley del Medicamento[190] y, fundamentalmente, por el Reglamento de Ensayos Clínicos [191]. En esta segunda disposición se proclama la obligación de salvaguardar la intimidad de la persona interviniente en el ensayo y la protección de sus datos de acuerdo con la LOPD [192].

V.1.1. Las obligaciones del investigador, monitor y promotor, en materia de confidencialidad de los datos personales

De entre las partes intervinientes en un ensayo clínico la normativa confiere al investigador principal, que suele ser el facultativo que dirige la realización práctica de aquél y tiene contacto directo con los participantes y acceso a sus historias clínicas, la cualidad de garante de la confidencialidad [193]

[190] Ley 25/1990 del Medicamento.

[191] Real Decreto 223/2004, de 6 de febrero, por el que se regulan los ensayos clínicos con medicamentos (vigente desde el 1 de mayo de 2004). Esta norma constituye la trasposición de la Directiva 2001/20/CE del Parlamento Europeo y del Consejo, de 4 de abril de 2001, relativa a la aproximación de las disposiciones legales, reglamentarias y administrativas de los Estados miembros sobre la aplicación de buenas prácticas clínicas en la realización de ensayos clínicos de medicamentos de uso humano.

[192] V. art. 3.2. del RD 223/2004.

[193] V. artículo de María José López Folguera titulado *La protección de datos personales en los ensayos clínicos. Revista Cuadernos de Derecho Farmacéutico*, núm. 1-2002.

estableciendo de esta forma, como una de sus obligaciones propias, la de garantizar que todas las personas implicadas en la realización del ensayo habrán de respetar la confidencialidad de cualquier información acerca de los sujetos del mismo, así como la protección de sus datos de carácter personal [194].

En la práctica los datos sobre la identidad del participante sólo deben conocerlos el investigador (y su equipo) y el *monitor* del ensayo clínico [195], y eventualmente las autoridades sanitarias y los miembros del Comité de Investigación Clínica (CEIC), todos ellos sujetos al deber de secreto y máxima confidencialidad [196].

Por su parte, el *promotor*, que suele ser el responsable del fichero y normalmente un laboratorio farmacéutico, tiene acceso a la información que se registra en el cuaderno de recogida de datos del ensayo clínico, consistente en: datos de salud del participante, sus iniciales, fecha de nacimiento, sexo y código numérico del sujeto dentro del ensayo clínico. Es decir, el promotor no tiene en principio posibilidad de identificar a los sujetos que participan o han intervenido en un ensayo clínico a partir de los datos contenidos en este fichero. Esto último sólo lo puede hacer el investigador que cuenta con un documento que une el número de la historia clínica del paciente con su código en el ensayo clínico [197].

[194] V. art. 37.3, f) del Real Decreto citado.

[195] El art. 2, f) del Real Decreto 223/2004, lo define como el profesional capacitado con la necesaria competencia clínica, elegido por el promotor, que se encarga del seguimiento directo de la realización del ensayo clínico.

[196] V. artículo *Propuesta de aplicación de la Ley de Protección de Datos de Carácter Personal en las hojas de información y consentimiento de los participantes en los ensayos clínicos,* RAFAEL DAL-RE, CRISTINA GÓMEZ PIQUERAS, FERNANDO GARCÍA-ALONSO, ANTONIO LUQUE y REMEDIOS AVILÉS, publicado en la *Revista Medicina Clínica*, Vol. 117, núm. 19, 2001 (págs. 751-756).

[197] *Ibidem.* Incluso en las comunicaciones de acontecimientos adversos que debe realizar el investigador al promotor, debe identificarse a los sujetos del ensayo mediante un número de código específico para cada uno de ellos (art. 42.1 del Real Decreto 223/2004).

Esta forma proceder se acomoda a las *Normas de Buena Práctica Clínica* citadas en el propio Reglamento de Ensayos Clínicos [198] y que establecen la denominada codificación de datos como sistema consistente en la recogida y tratamiento de los datos de los sujetos participantes, de forma que en la documentación relativa al ensayo clínico que pueda estar accesible a personas distintas del investigador (facultativo responsable del paciente y del ensayo clínico), aparezca un código que no permita identificar a los sujetos afectados. La lista de los códigos identificativos de los sujetos participantes está únicamente en manos del investigador principal del ensayo clínico y, por tanto, sólo sería posible asociar la información obtenida y registrada a persona identificada o identificable en el supuesto de que el investigador principal infringiera sus obligaciones de confidencialidad [199].

V.1.2. **Los principios de información y consentimiento respecto del sujeto del ensayo**

Para la Agencia Española de Protección de Datos la situación referida no supone realmente una disociación de los datos, pues los pacientes son potencialmente identificables [200]. Por esta razón los ficheros correspondientes, en la medida que contienen datos de salud, se encuentran bajo la normativa de la LOPD y del Reglamento de medidas de seguridad.

Debido a lo anterior, la normativa mencionada dispone que el tratamiento, comunicación y cesión de los datos de carácter personal de los sujetos participantes en el ensayo se ajustará a lo dispuesto en la LOPD y constará expresamente en el consentimiento informado [201].

[198] V. Capítulo VIII del Real Decreto 223/2004. En el art. 34 incluido en el citado capítulo se dice que «*Todos los ensayos clínicos con medicamentos que se realicen en España deberán llevarse a cabo de acuerdo con las normas de buena práctica clínica publicadas por el Ministerio de Sanidad y Consumo, siempre que no se opongan a lo dispuesto en este real decreto*».

[199] MARÍA JOSÉ LÓPEZ FOLGUEIRA, ob. cit.

[200] Debe recordarse que la LOPD define en el art. 3, f), el procedimiento de disociación como: «*todo tratamiento de datos personales de modo que la información que se obtiene no puede asociarse a persona identificada o identificable*».

[201] Art. 3.6, del Real Decreto 223/2004.

En este sentido y por lo que respecta a la obligación de información prevista en la LOPD, habrá de comunicarse al participante, en el documento del consentimiento del propio ensayo, la existencia de un fichero, la finalidad de la recogida de los datos personales (obtener resultados a partir de los datos de salud) y los destinatarios posibles.

También es conveniente informar al interesado de las comunicaciones que se prevén hacer de sus datos a terceros, previo consentimiento del mismo (a las autoridades sanitarias y, eventualmente, a la comunidad científica manteniendo el anonimato de los participantes) [202].

Además, será necesario informar al participante sobre el derecho de acceso, rectificación, cancelación y oposición. Sobre este aspecto debe recordarse que el Reglamento de Ensayos Clínicos dispone que los documentos que constituyen el archivo maestro de un ensayo clínico deberán conservarse durante el tiempo y conforme a las especificaciones establecidas en las Instrucciones para la realización de ensayos clínicos en España o, en su caso, las directrices de la Comisión Europea que publicará el Ministerio de Sanidad y Consumo [203].

Igualmente, deberá informarse al sujeto participante del ensayo clínico de la identidad y dirección del responsable del tratamiento o su representante. Sobre esta cuestión algunos autores consideran que no es apropiado incluir la dirección del responsable, habitualmente del promotor (laboratorio farmacéutico), por el peligro de que el participante se dirija a él directamente y se rompa la confidencialidad respecto de su identidad. Por esta razón entienden más adecuado considerar al investigador principal como

[202] V. artículo *Propuesta de aplicación de la Ley de Protección de Datos de Carácter Personal en las hojas de información y consentimiento de los participantes en los ensayos clínicos*, ob. cit. Como base de este planteamiento se cita el art. 15.1 de la LOPD, que establece que «*El interesado tendrá derecho a solicitar y obtener gratuitamente información de sus datos de carácter personal sometidos a tratamiento, el origen de dichos datos, así como las comunicaciones realizadas o que se prevén realzar de los mismos*».

[203] V. art. 39 del Real Decreto citado.

representante del promotor a estos efectos y que se facilite la dirección de este último para el ejercicio de los derechos de acceso, rectificación, etc. [204].

De esta forma, en el Reglamento de ensayos clínicos se obliga al promotor a disponer de un punto de contacto donde los sujetos del ensayo puedan obtener mayor información sobre el mismo, que, no obstante, podrá delegar en el investigador [205].

Por otro lado, debido a que los ensayos clínicos son normalmente realizados por laboratorios farmacéuticos, que son a su vez grandes multinacionales que tienen su sede en otros países, se pueden producir transferencias internacionales de datos. Como indica RUBÍ NAVARRETE este tipo de previsiones conviene introducirlas en el documento de consentimiento a efectos de protección de datos del ensayo, ya que en otro caso, aunque se consienta el riesgo sanitario, los tratamientos pueden ser ilícitos desde el punto de vista de la protección de datos [206].

Finalmente, debemos significar que este mismo autor se muestra partidario de apostar por las posibilidades de autorregulación en este sector de la actividad, mediante la elaboración de un Código Tipo que agilice el funcionamiento de los ensayos clínicos en esta materia de protección de datos (que diera lugar a la elaboración de cláusulas contractuales tipo, procedimientos normalizados, etc.) [207].

De hecho, en el Registro de la Agencia Española de Protección de Datos figura inscrito el ya comentado Código Tipo de la Unión Catalana de Hospitales, donde se establece que, si se utilizasen datos para la realización

[204] *Propuesta de aplicación de la Ley de Protección de Datos de Carácter Personal en las hojas de información y consentimiento de los participantes en los ensayos clínicos*, ob. cit.

[205] V. art. 35.3, 1) del Real Decreto 223/2004.

[206] JESÚS RUBÍ NAVARRETE, *La autorregulación, alternativa a la falta de definición legal de los datos de salud*, ob. cit.

[207] Ver artículo del mismo autor denominado *Autorregulación y protección de datos en la industria farmacéutica*, dentro de la revista *Cuadernos de Derecho Farmacéutico*, núm.2-2003, Fundación Cefi, págs. 6-11.

de ensayos clínicos o proyectos de investigación, los correspondientes protocolos deberán prever mecanismos que permitan la disociación de los mismos con respecto a la identidad de los titulares [208].

V.2. La protección de datos en el campo de las técnicas de reproducción humana asistida

Como ejemplo de refuerzo de medidas de protección de datos por razón de la especialidad médica, significamos el caso de las técnicas de reproducción humana asistida, donde la trasgresión del derecho a la intimidad de los datos personales de los usuarios puede acarrear a estos últimos, y a su descendencia, perjuicios especialmente graves.

Sin duda, el ámbito más sensible en este campo médico lo constituye la necesaria preservación de la confidencialidad de los datos de los donantes de gametos y embriones, pues en otro caso podría verse seriamente afectada la existencia de la donación como mecanismo para solucionar determinados casos de infertilidad. Si los donantes no tuvieran la seguridad de que se mantendrá en el futuro su anonimato frente a los usuarios de las técnicas y frente a la posible descendencia biológica a que puedan dar lugar, probablemente dejarían de ofrecerse para colaborar con las parejas que padecen infertilidad.

[208] En el citado Código Tipo se prevé la incorporación, en todo caso, de la siguiente cláusula en los contratos entre el centro y el promotor del ensayo clínico: «*El promotor del presente ensayo clínico garantiza que el protocolo del mismo establece los mecanismos que permiten la disociación de los datos de carácter personal contenidos en el fichero de pacientes en relación a los sujetos que participan en el ensayo. En cualquier caso se obliga el promotor a cumplir y hacer cumplir las prescripciones establecidas en la Ley Orgánica 15/1999 de 13 de diciembre de Protección de Datos de Carácter Personal en todo lo que haga referencia a los datos de dicha índole que sean utilizados en el desarrollo del ensayo*». Memoria 2002 de la Agencia Española de Protección de Datos (pág. 257).

V.2.1. La obligación de confidencialidad de la información de los usuarios

La ley sobre técnicas de reproducción asistida [209], consciente de la importancia extrema de garantizar la confidencialidad de la información manejada por los centros y servicios sanitarios especializados en este campo médico, dada su enorme trascendencia para la preservación de la intimidad personal y familiar de los usuarios de las técnicas y de su posible descendencia, contiene una serie de previsiones en materia de protección de datos que se suman a las ya recogidas por la normativa general, que operan como sistema de mínimos [210].

En este sentido, la ley mencionada hace hincapié en la necesidad de respetar la confidencialidad de la información cuando establece que todos los datos relativos a la utilización de estas técnicas deberán recogerse en historias clínicas individuales, que deberán ser tratadas con las reservas exigibles, y con estricto secreto de la identidad de los donantes, de la esterili-

[209] Ley 35/1988, de 22 de noviembre, sobre Técnicas de Reproducción Asistida. Esta ley fue modificada por la Ley 45/2003, de 21 de noviembre, cuyas novedades fundamentales consistieron en limitar a tres el número de ovocitos a fecundar en cada ciclo con el objeto de evitar la proliferación de embriones sobrantes, alargar los plazos de crioconservación del semen y embriones, y permitir la utilización de estos últimos, siempre que se hubieran generado antes de la entrada en vigor de la ley y no fueran a utilizarse para la procreación de los progenitores o de otra pareja, con fines de investigación.

Además, en la disposición adicional única de la citada Ley 45/2003, se crea el Centro Nacional de Trasplantes y Medicina Regenerativa, bajo cuyo control los centros deben poner los embriones de los que vayan a utilizarse sus estructuras biológicas con fines de investigación, facilitando igualmente todos los datos biológicos necesarios para determinar la trazabilidad y el tipaje de las células que se obtengan, de tal forma que no sea desvelada la identidad de sus progenitores (disposición final primera).

También es de interés el Real Decreto 176/2004, de 30 de enero, por el que se aprueba el Estatuto del centro referido, que debe mantener la confidencialidad de los datos que maneje (art. 3.2).

[210] De este modo, el art. 4.5, del citado Real Decreto 994/1999, al referirse a la aplicación de los niveles de seguridad previstos en el Reglamento, establece lo siguiente: *«Cada uno de los niveles descritos anteriormente tienen la condición de mínimos exigibles, sin perjuicio de las disposiciones legales o reglamentarias específicas vigentes»*.

dad de los usuarios y de las circunstancias que concurran en el origen de los hijos así nacidos [211].

De igual forma, el Reglamento de donantes prevé expresamente que la información recogida en la historia clínica de los usuarios, la correspondiente al proceso de selección de donantes, así como toda aquella información individualizada contenida en los registros, sea recogida, tratada y custodiada en la más estricta confidencialidad, debiendo producirse dicha custodia de acuerdo con lo establecido en la Ley General de Sanidad y en la normativa sobre protección de datos [212].

En consonancia con las previsiones anteriores, la violación del secreto de la identidad de los donantes hace incurrir en responsabilidades legales a los equipos biomédicos y a la dirección de los centros o servicios en los que trabajen [213], y está considerada una infracción muy grave [214].

[211] V. Art. 2.5 de la ley referida. También es de interés en la materia el art. 19.3 de la misma ley que dice lo siguiente: «*Los equipos médicos recogerán en una historia clínica, a custodiar con el debido secreto y protección, todas las referencias exigibles sobre los donantes y usuarios, así como los consentimientos firmados para la realización de la donación o de las técnicas*».

[212] Real Decreto 412/1996, de 1 de marzo, por el que se establecen los protocolos obligatorios de estudio de los donantes y usuarios relacionados con las técnicas de reproducción humana asistida, y se regula la creación y organización del Registro Nacional de Donantes de Gametos y Preembriones con fines de reproducción humana.

El art. 9 de esta norma dice lo siguiente: «*La información recogida en la historia clínica de usuarios de las técnicas de reproducción asistida, la correspondiente al proceso de selección de donantes, así como toda aquella información individualizada contenida en el Registro Nacional de Donantes de Gametos y Preembriones, tanto en la Base Central como en los centros y servicios autorizados, serán recogidos, tratados y custodiados en la más estricta confidencialidad, debiendo producirse esta custodia conforme a lo dispuesto por la Ley General de Sanidad, en los artículos 2, 5, 7, 19, 20 y Disposición final tercera de la Ley sobre Técnicas de Reproducción Asistida, y artículos 7 y 8 de la LORTAD. Ello sin menoscabo de las condiciones de información establecidas por la Ley sobre Técnicas de Reproducción Asistida para los nacidos por la aplicación de estas técnicas y de las circunstancias extraordinarias de ruptura del deber de secreto expresamente establecidas por la Ley de Medidas Urgentes para la Salud Pública y por la propia Ley sobre Técnicas de Reproducción Asistida, en aquellos casos en que fueran de aplicación*».

Lógicamente, las menciones a la LORTAD habrán de entenderse referidas a la LOPD.

[213] Art. 19.2 de la Ley sobre Técnicas de Reproducción Asistida.

[214] Art. 20.2, B), j), de la misma ley.

Excepciones al deber de secreto. Existen, sin embargo, dos supuestos excepcionales en los que la ley permite revelar la identidad de los donantes [215]:

- En circunstancias extraordinarias que comporten un comprobado peligro para la vida del hijo, siempre que la revelación sea indispensable para evitar el peligro citado.

- Cuando proceda con arreglo a las leyes procesales penales, siempre que la revelación sea indispensable para conseguir el fin legal propuesto.

En ninguno de ambos casos la revelación de la identidad implicará determinación legal de filiación. Siempre tendrá carácter restringido y no podrá conllevar publicidad de la identidad del donante.

Con independencia de las excepciones anteriores, en estos supuestos en los que las técnicas de reproducción van precedidas de una donación de gametos o embriones, la ley admite un supuesto adicional, aunque más limitado, de acceso a la citada información cuando afirma que los hijos, por sí o por sus representantes legales, tienen derecho a obtener información general de los donantes que no incluya su identidad. Este derecho se reconoce también a la receptora de los gametos [216].

V.2.2. **Los principios de información y consentimiento de los usuarios de las técnicas**

Contenido de la información. Por lo que se refiere al derecho de información de los usuarios, debe recordarse que la mencionada Ley sobre Técnicas de Reproducción Asistida establece que debe informarse de cuantas consideraciones de carácter biológico, jurídico, ético o económico se relacionan con las técnicas, recayendo la responsabilidad de facilitar esta infor-

[215] Art. 5.5 de la ley.
[216] *Ibídem*.

mación sobre los equipos médicos y los responsables de los centros o servicios sanitarios [217].

Lógicamente, de acuerdo con lo establecido en la LOPD [218], y muy especialmente en los casos en que los datos personales de los donantes y usuarios de las técnicas de reproducción vayan a incorporarse a un Banco de datos, entre la información jurídica a transmitir a los afectados debe encontrarse también la relativa al tratamiento de sus datos personales, con las particularidades que para el caso de los donantes de gametos y embriones se contemplan en la Ley sobre Técnicas de Reproducción Asistida.

Calidad de los datos y registro de los mismos. El principio de calidad de los datos está presente también en la normativa sobre reproducción humana, al contemplarse como infracción grave la omisión de datos, consentimientos y referencias exigidas por la ley, así como la falta de realización de la historia clínica [219].

En el campo de la reproducción se prevé legalmente la existencia de un registro oficial de datos personales conocido como el *Registro Nacional de Donantes de Gametos y Preembriones con fines de reproducción humana* [220].

Se trata de un registro único formado por las bases de datos de cada centro o servicio autorizado por la Comunidad Autónoma respectiva, me-

[217] V. Art. 2.2 de la citada ley.

[218] Art. 5 de la LOPD.

[219] V. Art. 20.2, A), c), de la Ley sobre Técnicas de Reproducción Humana Asistida.

[220] Su creación responde a lo previsto en la Disposición final tercera de la Ley sobre Técnicas de Reproducción Asistida, donde se dice que dicho registro será informatizado, que habrá de contar con las garantías precisas de secreto, y que la información habrá de guardarse en forma de clave. En el apartado a) de esta disposición se indica que *«El Registro Nacional consignará, asimismo, cada hijo nacido de los distintos donantes, la identidad de las parejas o mujeres receptoras, y su localización territorial en cada momento, siempre que sea posible».*

No obstante, la norma que regula su creación y organización es el citado Real Decreto 412/1996.

diante su agregación en una Base Central administrada por el Ministerio de Sanidad y Consumo [221].

Por otro lado, el Reglamento sobre los requisitos de autorización y homologación de los centros y servicios sanitarios relacionados con las técnicas de reproducción asistida [222] establece que los bancos de semen, los centros de inseminación artificial y los de fecundación *in vitro* y bancos de preembriones, remitan al Registro la información que se determina, a su vez, en el Reglamento por el que se establecen los protocolos obligatorios de estudio de los donantes y usuarios relacionados con las técnicas de reproducción humana asistida [223].

Además del registro anterior, con motivo de la modificación de la ley de reproducción operada en 2003, se hace precisa la creación de un nuevo registro intercentros de datos personales, ya que la norma dispone que, antes de iniciarse un tratamiento de reproducción asistida, será necesario comprobar que la pareja, o la mujer en su caso, no tengan preembriones crioconservados en algún centro nacional de reproducción asistida, ya que en caso afirmativo, y salvo que concurra algún impedimento legal para disponer de ellos, no se podrá iniciar un nuevo tratamiento [224].

Por otro lado, los propios centros o servicios sanitarios pueden llevar los registros internos que resulten adecuados para la mejor calidad de la prestación asistencial. En este sentido, como indican G. CALDERÓN y G. TOMKINS [225], en

[221] V. Art. 8 del citado Real Decreto 412/1996, en cuyo apartado 1 se establece que *«Cada centro o servicio se conectará a la Base Central del Registro tras comunicación de la Administración sanitaria de la Comunidad Autónoma correspondiente a la Base Central»*.

[222] Se trata del Real Decreto 413/1996, de 1 de marzo, por el que se establecen los requisitos técnicos y funcionales precisos para la autorización y homologación de los centros y servicios sanitarios relacionados con las técnicas de reproducción humana asistida (V. Art. 14.3).

[223] Real Decreto 412/1996.

[224] V. art. 11.4 en la redacción dada por la Ley 45/2003, pendiente de desarrollo reglamentario.

[225] G. CALDERÓN y G. TOMKINS. Ver capítulo *El laboratorio de fecundación in vitro. Condiciones de calidad actuales* (pág. 95 a 97), dentro de la obra *Reproducción asistida del siglo XXI*, Vol. 6, Núm. 2, año 2000, de la colección *Cuadernos de Medicina Reproductiva*, editada por ANTONIO PELLICER y CARLOS SIMÓN. Ed. Panamericana, nov. 2000. Según los autores mencionados, en el citado Registro diario *«se anotarán, entre otras cosas:*

los laboratorios de fecundación *in vitro* es de máxima importancia mantener un *Registro diario*, en el que se anote un registro de datos por cada tipo de paciente tratado de forma separada, FIV, receptoras, donantes y ciclos de descongelación, todo ello con el fin de que pueda detectarse de forma inmediata cualquier cambio en los resultados (variaciones en la tasa de embarazo o implantación de los embriones).

Medidas de seguridad. Por lo que se refiere a las medidas de seguridad específicas en esta especialidad médica, la ley es muy clara al dictaminar la forma en que debe guardarse la información en los Bancos respectivos de los centros o servicios de reproducción asistida y en el Registro Nacional de Donantes: ha de ser en clave [226], precisando además el Reglamento de los donantes, que los datos de identificación personal del donante y el resto de la información sobre el mismo (número de embriones obtenidos con sus gametos, receptoras, etc.) habrán de estar relacionados por medio de un número clave interno [227].

---

1. *Nombre del paciente.*
2. *Edad.*
3. *Número de ovocitos recuperados y fecundados.*
4. *Técnica de inseminación utilizada.*
5. *Número de embriones congelados y estadio.*
6. *Número de embriones transferidos.*
7. *Embarazo.*
8. *Número de sacos y latidos cardiacos fetales.*
9. *Comentarios».*

[226] V. Art. 5.5 de la Ley 35/1988, sobre Técnicas de Reproducción Asistida.

[227] El art. 8.2 del Real Decreto 412/1996, establece que el registro individual de cada donante aceptado contendrá sus datos de identificación personal y, además, relacionados con dicho registro individual a través de un número de clave interno, constarán también *«los siguientes datos:*

a) *Número de preembriones obtenidos con sus gametos e identificación de las personas de las que procedan cada uno de los gametos del otro sexo.*

b) *Identificación de receptores de la donación de gametos, sean por técnica de inseminación artificial o mediante FIV con gameto de receptor.*

c) *Identificación de la mujer/es receptora/s de los preembriones obtenidos.*

d) *Datos de identificación de los recién nacidos vivos, incluidas incidencias detectadas tras el nacimiento.*

Así pues, recapitulando lo que se acaba de referir y lo establecido en el mencionado Reglamento general de medidas de seguridad de los ficheros automatizados que contengan datos de carácter personal [228], y con relación a los datos sanitarios sobre los donantes que manejan los centros y servicios de reproducción asistida, nos encontramos con que, por un lado y dada su naturaleza de datos especialmente protegidos, deben conservarse (y, en su caso, transmitirse) cifrados y, por otro lado, la información sobre la identidad personal de los donantes y el resto de datos vinculados a la donación de estos últimos deben estar separados entre sí y relacionados bajo un número clave interno y secreto [229].

Por último, y como medida de seguridad adicional propia de este campo médico, debe decirse que el mencionado Reglamento sobre autorización y homologación de los centros y servicios sanitarios relacionados con las técnicas de reproducción asistida, exige expresamente a los Bancos de semen, laboratorios de semen para capacitación espermática, centros de inseminación artificial, centros de fecundación *in vitro* y bancos de embriones, que garanticen los controles de información y que cuenten con áreas de almacenamiento y archivo dotadas de sistema de protección contra robos [230].

---

e) *Partos de recién nacidos muertos.*

f) *Interrupción de embarazo por malformación o enfermedad fetal de origen genético o por otras causas».*

[228] Nos referimos al citado Real Decreto 994/1999, de 11 de junio.

[229] El sistema de clave es el previsto también en materia de trasplantes de órganos y tejidos, tal y como se indica en el Real Decreto 2070/1999, de 30 de diciembre, donde se indica que los centros de extracción habrán de disponer de un registro de acceso restringido y confidencial donde se recojan los datos necesarios que permitan identificar las extracciones realizadas, los órganos obtenidos y el destino de los mismos, con las correspondientes claves alfanuméricas que garanticen el anonimato y confidencialidad, y que permita, en caso necesario, el adecuado seguimiento de los órganos de un mismo donante (ver arts. 5 y 12 g).

También se indica en esta norma que en la historia clínica del receptor se recogerán los datos necesarios que permitan identificar al donante, al órgano y al centro hospitalario del que procede el órgano trasplantado, con las correspondientes claves alfanuméricas que garanticen el anonimato y la confidencialidad (art. 15.3).

[230] V. Arts. 4.1, 4.3, 6.1, 9 y 11.3 del aludido Real Decreto 413/1996.

V.3. La protección de datos y la farmacia comunitaria

En la Memoria de 2002 de la Agencia Española de Protección de Datos se hace alusión a la situación de las oficinas de farmacia, constatando el incremento durante el citado ejercicio de los ficheros declarados e inscritos por estas últimas [231].

Los tipos de ficheros objeto de inscripción podemos dividirlos en dos grupos fundamentales:

V.3.1. Ficheros relacionados con las recetas de los usuarios del Sistema Público de Salud

Las finalidades de estos tratamientos se refieren a la gestión, tramitación, grabación y control de prescripciones y dispensaciones de medicamentos efectuados por las oficinas de farmacia a los usuarios del Sistema Público de Salud.

Sobre esta cuestión debe recordarse que, conforme previene la ley estatal de regulación de las oficinas de farmacia, de 1997, entre los servicios básicos que deben prestar estas últimas se encuentra el de la vigilancia, control y custodia de las recetas médicas dispensadas [232].

[231] V. Memoria 2002 de la Agencia, pág. 46, donde se indica que al final del año 2002 figuran inscritos aproximadamente unos 20.000 ficheros de oficinas de farmacia, de las cuales alrededor de 15.000 se corresponden con el año 2002.

Por otro lado, los ficheros informáticos declarados normalmente por las oficinas de farmacia son los de clientes (con datos de usuarios que dejan aplazado el pago de algún medicamento), psicótropos (con los datos personales del libro recetario y del de estupefacientes), almacenes (con datos personales de los proveedores habituales de la farmacia), médicos (datos de facultativos para los casos en que es preciso la comunicación con los mismos), personal de la propia farmacia (farmacéuticos y empleados de la oficina de farmacia) y pacientes (referido este último a los datos de los pacientes que son objeto de atención farmacéutica).

[232] V. art. 1.2 de la Ley 16/1997, de 25 de abril, de Regulación de Servicios de las Oficinas de Farmacia.

Al mismo tiempo, tal y como establece la ley del medicamento, la receta, como documento que avala la dispensación bajo prescripción facultativa, debe contener los datos básicos de identificación de prescriptor, paciente y medicamentos, lo que implícitamente conlleva información de la salud del mismo [233].

Por esta razón, la normativa sobre la receta médica establece expresamente que, en los trámites a que sean sometidas las recetas médicas, y especialmente en su tratamiento informático, deberá quedar garantizada la confidencialidad de la asistencia médica y farmacéutica y la intimidad personal y familiar de los ciudadanos [234]. Además, indica que, una vez realizada la dispensación, las recetas quedarán en poder del farmacéutico para su conservación o sometimiento a los procedimientos de ulterior gestión, tramitación o control que procedan, de acuerdo con las normas e instrucciones aplicables a cada caso. No en vano el farmacéutico, para cobrar los medicamentos dispensados a los usuarios del Sistema Nacional de Salud, debe conservarlas y periódicamente remitirlas a su Colegio Profesional con el fin de que éste a su vez se ocupe de facturar y gestionar el cobro de las cantidades correspondientes al Servicio de Salud de la Comunidad Autónoma [235].

[233] V. apartados 1 y 2 de la Ley 25/1990, de 20 de diciembre, del Medicamento. En materia de receta médica debe estarse también a lo previsto en el Real Decreto 1910/84, de 26 de septiembre de Receta Médica, en el que se indica que los datos de los pacientes y relacionados con su tratamiento que deben consignarse en la misma serán los siguientes (art. 7): *«a) el nombre y dos apellidos del paciente y su año de nacimiento; b) el medicamento o producto objeto de la prescripción; c) la forma farmacéutica, vía de administración y, si procede, la dosis por unidad; d) el formato o presentación expresiva del número de unidades por envase; e) el número de envases que se prescriban; f) la posología, indicando el número de unidades por toma y día y la duración del tratamiento; g) el lugar, fecha, firma y rúbrica (del médico prescriptor)»*.

Tienen también interés la orden de 25 de abril de 1994, por la que se regulan las recetas y los requisitos especiales de prescripción y dispensación de estupefacientes para uso humano; y la orden de 23 de mayo de 1994, sobre modelos oficiales de receta médica para la prestación farmacéutica del Sistema Nacional de Salud.

[234] Art. 9 del Real Decreto 1910/84, de Receta Médica.

[235] Es el caso, por ejemplo, de la Comunidad de Madrid donde existe un Concierto entre la Consejería de Sanidad y el Colegio Oficial de Farmacéuticos de Madrid, por el que se fijan las condiciones para la ejecución de la prestación farmacéutica a través de las oficinas de farmacia.

Asimismo, las disposiciones reglamentarias en esta materia contemplan la llevanza de determinados registros oficiales por parte del farmacéutico, como son el libro recetario [236] y el de contabilidad de estupefacientes [237], a los que la propia Agencia Española de Protección de Datos se refiere en su citada Memoria de 2002, cuando especifica el tipo de tratamientos notificados por las oficinas de farmacia.

Pues bien, con relación a estos ficheros que contienen datos personales de salud especialmente protegidos, la Agencia manifiesta que no es necesario recabar el consentimiento expreso de los afectados, ya que se encuentra exceptuado por los preceptos de la LOPD en conexión con las previsiones de la legislación sanitaria (fundamentalmente las normas ya aludidas con anterioridad) [238].

Para mayor claridad sobre esta cuestión, y con relación a la receta electrónica (es decir, la extendida o editada en soporte informático) la ley del medicamento indica taxativamente que no será necesario el consentimiento del interesado para el tratamiento y la cesión de datos que sean consecuencia de la implantación de un sistema de receta electrónica [239].

[236] El art. 12.4 del Real Decreto 1910/1984 establece que el farmacéutico anotará en el libro recetario de la Oficina de Farmacia las dispensaciones siguientes: *«a) de fórmulas magistrales; b) de medicamentos que incluyan determinadas sustancias psicotrópicas; c) de medicamentos que incluyan determinados estupefacientes; d) y aquellas otras que determine la Dirección General de Farmacia y Productos Sanitarios por exigencias de especial control».*

[237] V. art. 7.3 de la Orden de 25 de abril de 1994, de dispensación de estupefacientes, donde se dice que *«el farmacéutico firmará, sellará y fechará la receta dispensada que quedará en su poder e invalidada para una nueva dispensación, y que dicha actuación se anotará en los libros recetario y de contabilidad de estupefacientes».*

[238] V. pág. 47 de la Memoria 2002 de la Agencia. La norma de la LOPD a la que se refiere es el art. 8, que dice lo siguiente: *«Datos relativos a la salud. Sin perjuicio de lo que se dispone en el art. 11 respecto de la cesión, las instituciones y los centros sanitarios públicos y privados y los profesionales correspondientes podrán proceder al tratamiento de los datos de carácter personal relativos a la salud de las personas que a ellos acudan o hayan de ser tratados en los mismos de acuerdo con lo dispuesto en la legislación estatal o autonómica sobre sanidad».*

[239] V. apartado 6 del art. 85 de la Ley del Medicamento, adicionado por la Ley 62/2003, de 30 de diciembre, de medidas fiscales, administrativas y del orden social. El precepto indica que la excepción del consentimiento se justifica por lo dispuesto en los arts. 7, apartados tres y seis, 8 y 11, apartado dos, a), de la LOPD.

V.3.2. **Ficheros relativos al seguimiento farmacoterapéutico de pacientes**[240]

Conforme se indica en el documento de *Consenso sobre Atención Farmacéutica*, editado por el Ministerio de Sanidad y Consumo, el seguimiento farmacoterapéutico personalizado es la práctica profesional consistente en que el farmacéutico se responsabiliza de las necesidades del paciente relacionadas con los medicamentos, mediante la detección, prevención y resolución de problemas relacionados con la medicación (conocidos en abreviatura como PRM)[241].

Esta actividad del profesional farmacéutico es considerada por la ley estatal de regulación de los servicios de las oficinas de farmacia, como uno de los servicios básicos que deben prestar a la población los citados profesionales[242], resultando de especial utilidad respecto de los pacientes crónicos o de alto riesgo.

Asimismo, la importancia del seguimiento farmacoterapéutico, como elemento esencial de prevención y de limitación de los riesgos iatrogénicos, ha sido resaltada en el seno del Consejo de Europa, en cuya Resolución del año 2001 se manifiesta que el mismo comprende lo siguiente[243]: a) el establecimiento de un informe farmacéutico que incluya el historial del paciente, los medicamentos recetados, las informaciones clínicas, los resultados terapéuticos y biológicos disponibles, así como las recomendaciones hechas al paciente; b) el control de las prescripciones a la luz del informe del farmacéutico, con el fin de verificar la coherencia y las interacciones posibles con otros medicamentos; c)

[240] V. FERNANDO ABELLÁN, artículo *Atención Farmacéutica III: El Seguimiento Farmacoterapéutico Personalizado*, dentro de *'El Experto Legal'* en web AZfarmacia (http://www.azfarmacia.com), octubre 2002.

[241] Consenso sobre Atención Farmacéutica, Ministerio de Sanidad y Consumo, 2002 (pág. 29).

[242] V. Art. 1.5 de la Ley 17/1997, de 25 de abril, donde se refiere la actividad de información y seguimiento de los tratamientos farmacológicos a los pacientes.

[243] Resolución relativa al papel del farmacéutico en el marco de la seguridad sanitaria. Adoptada por el Consejo de Ministros el 21 de marzo de 2001, en la 746 reunión de Delegados de los Ministros.

la evaluación del conjunto de la medicación tomada por el paciente; d) la información por escrito a los pacientes en determinadas circunstancias y el intercambio sistemático de información con otros profesionales de la salud.

Recogiendo lo establecido por el citado documento de Consenso sobre Atención Farmacéutica, el *Plan Estratégico para el Desarrollo de la Atención Farmacéutica*[244], elaborado por el Consejo General de Colegios Oficiales de Farmacéuticos, hace suyos los objetivos concretos que persigue el seguimiento farmacoterapéutico, enumerando al efecto los siguientes: a) buscar la obtención de la máxima efectividad de los tratamientos farmacológicos; b) minimizar los riesgos asociados al uso de los medicamentos y, por tanto, mejorar la seguridad de la farmacoterapia; c) contribuir a la racionalización del uso de los medicamentos como principal herramienta terapéutica de nuestra sociedad; d) y mejorar la calidad de vida de los pacientes.

Por otro lado, no puede obviarse que el servicio de seguimiento farmacoterapéutico personalizado conlleva, en primer lugar y como factor fundamental, un acuerdo previo farmacéutico-paciente, que implica un *consentimiento informado de este último*, pero además obliga a una serie de exigencias y requisitos para el profesional farmacéutico que pueden sintetizarse de la siguiente forma[245]: a) compromiso con los resultados de la farmacoterapia en cada paciente, que se traduce en poner todos los medios a su alcance para que los medicamentos que utilice aquél le produzcan efectos beneficiosos para su salud; b) garantía de continuidad en el servicio, manteniéndolo mientras el paciente esté de acuerdo; c) disponibilidad de información actualizada sobre el paciente y su tratamiento; d) y documentación y registro de la actividad, tanto de las intervenciones realizadas como de los resultados obtenidos.

Es importante también tener en cuenta que el seguimiento farmacoterapéutico tiene ya un respaldo normativo explícito en la mayoría de las leyes autonómicas de ordenación farmacéutica y, por tanto, debe llevarse

[244] Presentado oficialmente el 29 de octubre de 2002 y declarado por el Ministerio de Sanidad y Consumo como Actividad de Interés Sanitario.

[245] V. Consenso sobre Atención Farmacéutica, ob. cit. (págs. 30 a 32).

a cabo por los profesionales siempre que sea conveniente y aceptado por el paciente, A modo de ejemplo citaremos la ley madrileña donde se establece que el farmacéutico de la oficina de farmacia, con el consentimiento del paciente, podrá seguir el tratamiento farmacológico mediante la realización de *perfiles farmacoterapéuticos y fichas del paciente* que le permitan vigilar y controlar el uso individualizado de los medicamentos con y sin receta [246].

Sin duda son varios los problemas jurídicos que plantea para los farmacéuticos el seguimiento personalizado de los pacientes. De ellos pueden destacarse dos que, por las consecuencias a que pueden dar lugar en materia de responsabilidad, se nos antojan especialmente relevantes: por un lado, la obtención del consentimiento informado de los pacientes, lo que nos conecta con la problemática general que se deriva de dicho elemento en el mundo sanitario; y, por otro lado, la cuestión de la confidencialidad de los datos de salud de los pacientes, toda vez que el seguimiento farmacoterapéutico obliga a la llevanza de una *historia o ficha farmacoterapéutica* y a su adecuado mantenimiento posterior. Téngase en cuenta que, tal y como se indica en el reiterado documento de Consenso sobre Atención Farmacéutica, en la citada historia deben constar como mínimo los problemas de salud del paciente, los medicamentos que utiliza (con o sin prescripción médica) y los estilos de vida relevantes [247].

Pues bien, el manejo y tratamiento de los citados datos de salud, considerados como especialmente protegidos y sensibles por la normativa en materia de protección de datos personales, obliga a respetar las disposiciones de esta última y, lógicamente, a implantar también los rigurosos sistemas de seguridad previstos en el Reglamento de medidas de seguridad de los datos personales. Asimismo, con relación a este tipo de ficheros, donde se registran, de forma confidencial, la información relativa al paciente (datos personales, antecedentes, enfermedades crónicas, etc.), la medicación habitual y esporádica, los problemas detectados, la intervención farmacéu-

[246] V. arts. 17.2; 49.7, letras j y l; y 51.4, letra k, de la Ley 19/1998, de 25 de noviembre, de Ordenación y Atención Farmacéutica de la Comunidad de Madrid.

[247] V. Consenso sobre Atención Farmacéutica, ob. cit. (pág. 31, apartado 4.4.III).

tica efectuada y el resultado de la misma, la Agencia Española de Protección de Datos se muestra tajante a la hora de considerar que es preceptivo recabar por el farmacéutico el consentimiento expreso del interesado [248], que pensamos bien podría incluirse dentro del formulario de consentimiento por el paciente de la propia actividad de seguimiento farmacoterapéutico, como un apartado del mismo.

[248] V. Memoria 2002 de la Agencia, pág. 47.

VI
LOS DATOS GENÉTICOS

Los espectaculares avances en el conocimiento del genoma humano vienen suponiendo desde hace unos años una clara esperanza para la detección, prevención y tratamiento de numerosas enfermedades hasta ahora sin solución posible. Sin embargo, al mismo tiempo, el progreso científico en esta materia empieza a poner en alerta al hombre del siglo XXI sobre su vulnerabilidad como especie y como único dueño de su destino, pues el conocimiento por terceros de su singularidad genética puede conllevar peligrosas interferencias en el ámbito de su vida privada y social.

La información genética de cada persona se configura, por tanto, como un valor individual de enorme trascendencia ya que, como afirma el profesor ROMEO CASABONA, su difusión incontrolada puede acarrear el riesgo de convertir al ser humano en «ciudadano transparente» o de «cristal» [249].

VI.1. LA INFORMACIÓN GENÉTICA Y SUS CARACTERÍSTICAS: DATOS GENÉTICOS, DATOS PROTEÓMICOS Y MUESTRAS BIOLÓGICAS

Dentro de los datos sobre la salud de las personas, los datos genéticos son objeto de una especial protección en cuanto consisten en informacio-

[249] CARLOS MARÍA ROMEO CASABONA. Ver capítulo titulado *El tratamiento y la protección de los datos genéticos* (págs. 249-255), dentro de la obra *Gen-Ética*, coordinada por FEDERICO MAYOR ZARAGOZA y CARLOS ALONSO BEDATE. Ed. Ariel, 2003.

nes muy específicas no solo respecto del individuo en cuestión objeto de examen, sino también sobre los miembros de su familia consanguínea. Esta circunstancia les hace susceptibles de generar importantes repercusiones en el estilo de vida de los individuos e, incluso, de poder condicionar sus opciones reproductivas [250].

Una definición de 'datos genéticos' la encontramos en la Recomendación del año 1997, del Comité de Ministros del Consejo de Europa sobre protección de datos médicos, donde se indica que la citada expresión se refiere a 'todos los datos, cualquiera que sea su clase, relativos a las características hereditarias de un individuo o al patrón hereditario de tales características dentro de un grupo de individuos emparentados'. Continúa el citado texto diciendo: 'También se refiere a todos los datos sobre cualquier información genética que el individuo porte (genes) y a los datos de la línea genética relativos a cualquier aspecto de la salud o la enfermedad, ya se presente con características identificables o no' [251].

Pero además de los datos genéticos propiamente dichos la protección de la información genética abarca hoy día también a los denominados datos proteómicos humanos y a las muestras biológicas de los que los mismos provienen. Así se desprende de la *Declaración Internacional sobre los Datos*

[250] Ver «considerandos» de la *Propuesta de Resolución del Parlamento Europeo sobre las repercusiones sociales, jurídicas, éticas y económicas de la genética humana*, de 24 de julio de 2001, elaborada por la *Comisión Temporal sobre Genética Humana y Otras Nuevas Tecnologías de la Medicina Moderna*. Esta Propuesta se muestra de acuerdo con el dictamen, comentado en el Capítulo III de esta obra, del Grupo Europeo de Ética de la Ciencia y de las Nuevas Tecnologías, en el sentido de que se elabore una Directiva específica en materia de protección de los datos personales sobre la salud. En el apartado 19 de la Propuesta de Resolución se afirma que dicha propuesta no debe limitarse a la enunciación de principios generales extraídos del conjunto de derechos fundamentales, sino que debe establecer los mecanismos de identificación, clasificación y control de los análisis genéticos de forma suficiente para evitar su utilización abusiva, impidiendo que puedan favorecer la aparición de criterios inquietantes de *«normalidad genética»*.

[251] Ver apartado 1 del apéndice de la mencionada Recomendación n. R (97) 5, de 13 de febrero de 1997, en el que se aclara además que *«La línea genética es la línea constituida por similitudes genéticas resultantes de la procreación y compartidas por dos o más individuos»*.

Genéticos Humanos, de 16 de octubre de 2003, de la UNESCO[252], donde se define a los datos proteómicos como aquella información relativa a las proteínas de una persona, lo que incluye su expresión, modificación e interacción. Igualmente, se considera muestra biológica a cualquier muestra de sustancia biológica (por ejemplo, sangre, piel, células óseas o plasma sanguíneo) que albergue ácidos nucleicos y contenga la dotación genética característica de una persona.

Por otro lado, las características básicas de la información genética, en su vertiente de datos personales, podrían sintetizarse de la siguiente forma[253]:

a) Su carácter único o singularidad, en cuanto que todo individuo es un ser genéticamente irrepetible (salvo en el caso de los gemelos monocigóticos). En consecuencia, como dice el profesor SEOANE RODRÍGUEZ, los datos genéticos son reflejo de la individualidad de la persona y dan cuenta de su identidad genética única y singular, siendo además la información sanitaria más personal debido a que está vinculada inherentemente a la persona y da cuenta de su salud pasada, presente y futura.

b) Es permanente e inalterable, ya que acompaña al individuo a lo largo de toda su vida, salvo existencia de mutaciones genéticas espontáneas o provocadas (ingeniería genética).

c) Es indestructible pues se halla presente prácticamente en todas la células del organismo, durante la vida e incluso después de la muerte.

d) Es una información no voluntaria. No escogemos nuestros propios genes y por ello estos últimos no dependen de nuestra voluntad.

[252] *Declaración Internacional sobre los Datos Genéticos Humanos*, aprobada por la XXXII reunión de la Conferencia General, concluida en París el 16 de octubre de 2003.

[253] V. JOSÉ ANTONIO RODRÍGUEZ SEOANE, *De la intimidad genética al derecho a la protección de datos genéticos. La protección iusfundamental de los datos genéticos en el Derecho español (A propósito de las SSTC 290/2000 y 292/2000, de 30 de noviembre). Parte II.* Revista Derecho y Genoma Humano 17/2002 (págs. 135-175).

e) Tiene capacidad predictiva en la medida en que, en algunos casos, permite conocer anticipadamente la aparición futura de enfermedades o de predisposiciones o susceptibilidades a enfermedades. Por tanto, como indica SEOANE RODRÍGUEZ, de la información genética se deriva un conocimiento probabilístico y aproximativo del estado de salud del individuo, limitado eso sí por el conjunto de elementos multifactoriales que determinan el estado de salud, pues no solo depende de las características genéticas, sino también de aspectos tales como el entorno en el que se desenvuelve la persona, su alimentación, etc.

Pero, además, debe tenerse en cuenta otro factor importante como es el de que la capacidad predictiva de los datos genéticos puede ser mayor de lo que se supone en el momento de obtenerlos, es decir, pueden contener información cuya relevancia no se conozca necesariamente en el momento de extraer las muestras biológicas y sí con posterioridad [254].

f) Finalmente, la información genética establece la vinculación biológica del individuo con su familia, de la que también aporta información. En este sentido, se trata de una información generacional, que se transmite entre generaciones.

Desde otro punto de vista, tiene interés también a nuestro juicio la distinción que realiza el profesor RODRÍGUEZ-DRINCOURT ÁLVAREZ, entre dos niveles de información genética distintos [255]:

Una *información genética primaria*, relativa a la especie humana como tal, que pertenece al dominio público y no permite una identificación del individuo. Y una *información genética secundaria*, que identifica plenamente a la persona y las patologías que le afectan o le pueden afectar. Es sin duda este segundo tipo de información la que requiere de una mayor protección

[254] Ver preámbulo de la *Declaración Internacional sobre los Datos Genéticos Humanos*, anteriormente citada.

[255] JUAN RODRÍGUEZ-DRINCOURT ÁLVAREZ. *Genoma Humano y Constitución.* Cuadernos Cívitas. Ed. Cívitas, 2002 (pág. 37).

jurídica y donde se incardina también el consejo genético como máximo exponente de la medicina predictiva y preventiva de nuestro tiempo

De igual forma, el citado profesor apuesta por distinguir los conceptos de *identidad genética*, que sería la dimensión individual de la información genética y que se correspondería con la constitución genética de la persona (su ADN); *individualidad genética*, asociada a la dimensión familiar de la información y que se traduciría en la expresión fenotípica de la persona con sus propensiones, predisposiciones y factores de riesgo; y por último, la *integridad genética*, que abarcaría los aspectos sociales de la genética humana y en la que sería necesario articular mecanismos contra la discriminación [256].

VI.2. REGULACIÓN DE LA INFORMACIÓN GENÉTICA

VI.2.1. Ámbito internacional

Conscientes de esta especial sensibilidad de los datos genéticos y en aras de su mejor protección, se promulgó la *Declaración Universal sobre el Genoma y Derechos Humanos* de la UNESCO [257], por la que se prohíbe toda discriminación por razones genéticas y se establece la obligación de proteger la confidencialidad de los datos genéticos asociados a una persona identificable [258].

La propia UNESCO, en octubre de 2003, promulgó la más arriba mencionada *Declaración Internacional sobre los Datos Genéticos Humanos*, que aboga porque la recolección, el tratamiento, la utilización y la conservación de datos genéticos y datos proteómicos humanos y de las muestras

[256] *Ibídem*, pág. 122.

[257] Aprobada por la XXIX Comisión de la Conferencia General de la UNESCO, en París, el 11 de noviembre de 1997, y por Resolución de la Asamblea General de Naciones Unidas, de 10 de diciembre de 1998.

[258] V. Art. 7 de la citada Declaración donde se dice que «*Se deberá proteger en las condiciones estipuladas por ley la confidencialidad de los datos genéticos asociados con una persona identificable, conservados o tratados con fines de investigación o cualquier otra finalidad*».

biológicas, sea compatible con el derecho internacional relativo a los derechos humanos [259].

En igual sentido de prohibir cualquier discriminación por razones genéticas se pronuncian también la *Carta de los Derechos Fundamentales de la Unión Europea* [260] y el *Convenio de Oviedo sobre los Derechos Humanos y la Biomedicina* [261] (vigente en España desde el primero de enero de 2000), donde se limita muy claramente la posibilidad de realizar prospecciones genéticas de individuos a supuestos que tengan que ver con la protección de la salud de las personas o con la investigación médica [262].

La utilización de la información genética personal y el acceso a la misma por parte de terceros debe basarse en la protección de la integridad personal del individuo, es decir, en exigencias efectivas de protección de su salud, excluyendo cualquier otra finalidad como pudiera ser la evaluación de un individuo en el marco de un contrato de trabajo o de seguros [263].

De igual forma, cualquier regulación sobre el uso y acceso a la información genética (para la salud o investigación médica) debe fundamentarse en la previa necesidad de obtener el consentimiento del afectado, aunque no exclusivamente en este requisito, debido a que en situación de paro la-

[259] V. art. 1, b), de la citada Declaración.

[260] V. Arts. 8 y 21 de este documento, hecho en Niza, el 7 de diciembre del año 2000 y publicado en el Diario Oficial de las Comunidades Europeas el día 18 del mismo mes.

[261] V. Arts. 11, 12 y 13 del Convenio para la protección de los derechos humanos y la dignidad del ser humano con respecto a las aplicaciones de la Biología y la Medicina (Convenio relativo a los derechos humanos y la biomedicina), hecho en Oviedo el 4 de abril de 1997. Publicado el Instrumento de ratificación en el B.O.E. del 20 de octubre de 1999.

[262] El art. 12 del Convenio establece que *«Sólo podrán hacerse pruebas predictivas de enfermedades genéticas o que permitan identificar al sujeto como portador de un gen responsable de una enfermedad, o detectar una predisposición o una susceptibilidad genética a una enfermedad, con fines médicos o de investigación médica y con un asesoramiento genético apropiado»*.

[263] Ver apartado 17 de la citada Propuesta de Resolución del Parlamento Europeo, y también apartado 22 del mismo texto.

boral, es conocida la predisposición a aceptar cualquier tipo de condición para obtener un empleo, pudiéndose convertir en este caso el consentimiento en el efecto de una necesidad material y no en una manifestación de libertad. Por esta razón, se hace preciso promover políticas institucionales de información y concienciación de la opinión pública sobre todo lo referente al uso de la información genética y, además, establecer políticas generales de control social[264].

Dentro de la relación de normas internacionales que abordan la protección de la información genética, habría que mencionar también la *Directiva europea relativa a la protección de las personas físicas en lo que respecta al tratamiento de datos personales*[265], ampliamente comentada en esta obra, y la ya citada *Recomendación del Consejo de Europa de 1997 sobre protección de datos médicos*, en la que se proclama que los datos genéticos recogidos y procesados para el tratamiento preventivo, el diagnóstico o el tratamiento del afectado o para investigación científica sólo deben emplearse con esos fines o para permitir al afectado tomar una decisión libre e informada en estas materias. También contempla la posibilidad del procesamiento de datos genéticos con fines judiciales o de investigación criminal, siempre que sea objeto de una ley específica que ofrezca medidas de salvaguardia adecuadas. Con igual garantía legal admite la Recomendación la recogida y procesamiento de datos genéticos en orden a predecir enfermedades en casos en que exista un interés superior[266].

Por último, debemos aludir, aunque sea brevemente, a la *Directiva europea relativa a la protección jurídica de las invenciones biotecnológicas* (traspuesta a nuestro ordenamiento interno mediante una modificación de la Ley de patentes), en la que, respecto a los datos genéticos, se dice que

[264] V. Apartado 25 de la citada Propuesta. En el apartado 27 se indica que no pueden aceptarse políticas de apropiación privada de datos genéticos aunque vayan acompañadas de garantías formales de protección de los derechos de las personas merced al carácter anónimo de los datos.

[265] Directiva 95/46/CEE.

[266] V. apartado 4 del apéndice a la Recomendación n. R (97) 5, de 13 de febrero de 1997, anteriormente citada.

el simple descubrimiento de la secuencia completa o parcial de un gen no puede constituir una invención patentable [267].

No obstante, como también se indica en la citada directiva y tiene manifestado el Tribunal de Justicia de las Comunidades Europeas, sí será posible solicitar una patente para aquellas invenciones que asocien un elemento natural (por ejemplo, la secuencia de un gen) a un procedimiento técnico que permita aislarlo o producirlo con miras a su aplicación industrial [268].

De esta forma, como dice el profesor LOBATO GARCÍA-MIJÁN, se distingue lo que es el descubrimiento —no patentable— de lo que supone la invención —que sí es patentable—. Además, se admite expresamente la patentabilidad de los genes aislados, con tal de que la función de los mismos sea conocida y la invención como tal cumpla los restantes requisitos de patentabilidad [269].

[267] V. Art. 5, de la Directiva 98/44/CE del Parlamento Europeo y del Consejo, de 6 de julio de 1998, relativa a la protección jurídica de las invenciones biotecnológicas. La transposición se llevó a cabo por la Ley 10/2002, de 29 de abril, de modificación de la Ley de Patentes, para la incorporación al Derecho Español de la Directiva 98/44/CE.

[268] *Sentencia del Tribunal de Justicia de las Comunidades Europeas, de 9 de octubre de 2001* (asunto C-377/98), que avala la directiva anterior. En el apartado 74 se dice lo siguiente: «*Esta distinción se aplica a las investigaciones relativas a la secuencia o a la secuencia parcial de genes humanos. El resultado de dichas investigaciones sólo puede dar lugar a la concesión de una patente si la solicitud va acompañada, por un lado, de una descripción del método original de secuenciación que ha hecho posible la invención y, por otro lado, de una memoria sobre la aplicación industrial que se dará a dichas investigaciones, tal como precisa el artículo 5, apartado 3, de la Directiva. Si no existe dicha aplicación, no se trata de una invención, sino del descubrimiento de una secuencia de ADN que, como tal, no es patentable*».

Continua el Tribunal en el apartado 75 siguiente: «*De esta forma, la protección contemplada en la Directiva se refiere al resultado de una actividad inventiva de carácter científico o técnico y se extiende a los datos biológicos que existan en estado natural en el ser humano en la medida necesaria para obtener y explotar una determinada aplicación industrial*».

[269] V. capítulo de MANUEL LOBATO GARCÍA MIJÁN, en la obra *Genética y Derecho II*, de la colección *Estudios de Derecho Judicial*. Consejo General del Poder Judicial e Ilustre Colegio de Médicos de Madrid, 2003, págs. 81-114.

Finalmente, conviene recordar que la ley española de patentes excluye expresamente de la patentabilidad, con independencia de que cumplan o no los requisitos generales (novedad, actividad inventiva y aplicación industrial), a los procedimientos de clonación de seres humanos, a los procedimientos de modificación de la identidad genética del ser humano, a la utilización de embriones humanos con fines industriales o comerciales, y a los procedimientos de modificación de la identidad genética de los animales que supongan para éstos sufrimientos sin utilidad médica o veterinaria sustancial para el hombre o el animal y a los animales resultantes de tales procedimientos [270].

VI.2.1.1. *La información genética en el Convenio sobre Derechos Humanos y Biomedicina (Convenio de Oviedo)*

Con carácter general el Convenio proclama la regla de que una intervención en el ámbito de la sanidad sólo podrá efectuarse después de que la persona afectada haya dado su libre e informado consentimiento, habiendo recibido al efecto una información adecuada acerca de la finalidad y la naturaleza de la intervención, así como sobre sus riesgos y consecuencias [271].

Por lo que se refiere a la obtención de información genética, la relación de pruebas predictivas que autoriza el Convenio podrían sistematizarse de la siguiente forma [272]:

- Las relativas a una enfermedad genética existente.
- Las que permitan identificar al sujeto como portador de un gen responsable de una enfermedad (monogénica, dominante o recesiva).
- Las dirigidas a detectar una predisposición o susceptibilidad genética de una enfermedad (poligénica y multifactorial).

[270] Son las enumeradas de forma enunciativa (no taxativa) en el segundo párrafo del apartado 1 del art. 5 de la Ley 10/2002.

[271] V. art. 5 del Convenio.

[272] V. art. 12 del Convenio.

Asimismo, respecto de las pruebas referidas, el Convenio limita la realización de las mismas imponiendo dos condiciones, que se sumarían a la necesidad de obtener el consentimiento informado de la persona afectada:

- Que las pruebas se realicen con fines médicos o de investigación médica.
- Que las mismas se lleven cabo con un asesoramiento genético adecuado.

El profesor ROMEO CASABONA, en su interpretación de esta disposición del Convenio de Oviedo, considera que en el citado contexto limitado de las prospecciones genéticas, ni siquiera pueden realizarse los análisis a voluntad, o capricho del profesional o del consultante, incluso aunque medie el consentimiento del interesado o éste lo haya solicitado expresamente [273], sino que requiere se practiquen con un asesoramiento genético apropiado, lo que equivale a decir que las pruebas habrán de realizarse dentro de los estándares establecidos sobre asesoramiento genético [274]. Como hemos dicho, la insuficiencia del consentimiento informado del interesado para justificar la realización de prospecciones genéticas deriva, entre otros motivos, de la necesidad de proteger a las personas que, en determinadas ocasiones (por ejemplo, falta de trabajo) pueden ver su libertad individual constreñida por sus necesidades materiales.

[273] V. *El Convenio de Derechos Humanos y Biomedicina. Su entrada en vigor en el ordenamiento jurídico español*. Varios autores (coord. CARLOS MARÍA ROMEO CASABONA). Cátedra Interuniversitaria Fundación BBVA-Diputación Foral de Vizcaya de Derecho y Genoma Humano. Ed. Comares, Bilbao-Granada 2002 (págs. 174-175).

[274] A juicio del autor los estándares sobre asesoramiento genético consistirían en que los fines sean relativos a la salud, que el asesoramiento sea el adecuado, de carácter expositivo y no directivo para el interesado; que las pruebas puedan ir dirigidas también a la predicción de enfermedades de aparición tardía; que se atienda a la situación y necesidades de las personas consultantes para determinar si está indicado o no el análisis, es decir, en relación con qué tipo de enfermedades. Admite todas las modalidades de diagnóstico predictivo, tanto de posibles portadores de enfermedades genéticas como sobre los riesgos de su transmisión a la descendencia; y según el momento en que se solicite o los propósitos que se persigan: preconceptivo o prenupcial, preimplantatorio (al embrión *in vitro*), prenatal (al embrión implantado o al feto), postnatal (para la identificación de enfermedades existentes o para la predicción de otras futuras). Ver capítulo del profesor ROMEO CASABONA titulado *El tratamiento y la protección de los datos genéticos* (págs. 249-255), dentro de la obra *Gen-Ética*, ob. cit.

Asimismo, se debe restringir al máximo la posibilidad de recurrir a los datos genéticos para realizar evaluaciones prospectivas de las personas, ya que, por ejemplo, reducir las posibilidades de cualquier persona para contratar un seguro de vida o enfermedad podría dar lugar a una organización social que clasificara a los individuos en función de su predisposición genética, estableciendo jerarquías sociales con arreglo a dicho criterio, lo que a la postre supondría una reducción de la ciudadanía y la negación del derecho fundamental a la salud [275].

En definitiva, que el ámbito en el que ha de desarrollare el consejo genético, y donde éste se encuentra justificado y amparado por la ley, es un *ámbito estrictamente médico*, que el citado profesor ROMEO CASABONA concreta en las siguientes pruebas: una enfermedad genética existente (finalidad diagnóstica), ser portador de un gen responsable de una enfermedad y tener predisposición o susceptibilidad genética a una enfermedad [276].

VI.2.1.2. *La Declaración Internacional sobre los Datos Genéticos Humanos de la UNESCO (habeas genoma)*

Como ya se ha comentado anteriormente, en esta Declaración internacional de la UNESCO se trata de conciliar el lógico interés de la medicina y de la ciencia en general por la obtención y estudio de datos genéticos humanos con el respeto a la dignidad humana y a la protección de los derechos y libertades fundamentales, todo ello en aras de evitar fenónemos de discriminación o estigmatización de una persona, familia, grupo o comunidades.

La primera cuestión que conviene precisar es que el ámbito de aplicación de la Declaración deja fuera los supuestos de la investigación, el des-

[275] V. apartado 21 de la citada Propuesta de Resolución del Parlamento Europeo en el que se dice que las citadas evaluaciones genéticas ofrecen representaciones distorsionadas de las personas en cuanto ignoran la relación decisiva de los datos genéticos con las proteínas y el entorno.

[276] V. ROMEO CASABONA, *El tratamiento y la protección de los datos genéticos*, dentro de la obra *Gen-Ética*, ob. cit, pág. 247.

cubrimiento y el enjuiciamiento de delitos penales o de pruebas de determinación de paternidad, que estarán sujetos a la legislación interna de cada país, siempre que la misma sea compatible con el derecho internacional relativo a los derechos humanos[277].

Seguidamente, la Declaración establece que los datos genéticos humanos y los datos proteómicos humanos podrán ser tratados, utilizados y conservados solamente con los *fines* siguientes[278]:

1. Diagnóstico y asistencia sanitaria (incluye pruebas de cribado y predictivas).

2. Investigación médica y otras formas de investigación científica, comprendidos los estudios epidemiológicos, en especial los de genética de poblaciones, así como los estudios de carácter antropológico o arqueológico.

3. Medicina forense y procedimientos civiles o penales u otras actuaciones legales.

4. Y cualesquiera otros fines compatibles con la Declaración Universal sobre el Genoma Humano y los Derechos Humanos y el derecho internacional relativo a los derechos humanos.

Asimismo, la Declaración sienta el *principio de consentimiento informado* del interesado para la obtención de sus datos genéticos, y en este sentido establece que 'para recolectar datos genéticos humanos, datos proteómicos humanos o muestras biológicas, sea o no invasivo el procedimiento utilizado, y para su ulterior tratamiento, utilización y conservación, ya sean públicas o privadas las instituciones que se ocupen de ello, debería obtenerse el consentimiento previo, libre, informado y expreso de

[277] V. art. 1, C, de la Declaración aprobada el 16 de octubre de 2003.
[278] V. Art. 5 del mismo texto.

la persona interesada' [279]. Además, estos datos no deben utilizarse con una finalidad distinta que sea incompatible con el consentimiento original, a menos que se haya obtenido un nuevo consentimiento, o que el derecho interno disponga que la utilización propuesta responde a motivos importantes de interés público [280].

También se indica que el consentimiento dado para la recolección de estos datos con fines de investigación médica y científica será revocable, salvo que los mismos estén irreversiblemente disociados de una persona identificable [281].

Por lo que se refiere a las características que debe reunir el *derecho a la información* del afectado, que la Declaración considera un imperativo ético, la misma indica que habrá de ser clara, suficiente y apropiada a la persona que debe consentir, y que deberá especificar la finalidad con la que se van a recolectar, utilizar y conservar los datos genéticos y proteómicos obtenidos a partir de muestras biológicas [282].

Sobre este aspecto del derecho a la información, debe decirse también que la Declaración reconoce igualmente el *derecho a no ser informado*, estableciendo al respecto que, cuando se recolecten los datos con fines de in-

[279] Así se establece en el art. 8, a) de la Declaración donde también se indica que no se habrá de influir en la decisión mediante incentivos económicos u otros beneficios personales. También se prevé que el consentimiento pueda otorgarse por representación en los casos de menores e incapaces, indicándose respecto de unos y otros que sólo será éticamente aceptable, por regla general, practicar pruebas o cribados genéticos cuando de ahí se sigan consecuencias importantes para la salud de la persona y cuando ello responda a su interés superior.

[280] Art. 16, a) de la Declaración. Además, en el art. 22 se indica que el consentimiento debe ser indispensable también para cruzar datos genéticos y proteómicos.

[281] Art. 9 de la Declaración.

[282] De esta forma se indica en el art. 6, d) de la Declaración en el que también se añade lo siguiente: «*De ser preciso, en esa información deberían describirse también los riesgos y consecuencias y debería indicarse que la persona interesada puede revocar su consentimiento sin sufrir presiones y sin que ello deba suponerle ningún tipo de perjuicio o sanción*».

vestigación médica y científica, en la información suministrada en el momento del consentimiento debería indicarse que la persona en cuestión, e incluso los familiares identificados que pudieran verse afectados por los resultados, tienen derecho a decidir ser o no informados de los resultados de la investigación [283].

Asociado al proceso de información, la Declaración indica que, por imperativo ético, en los casos en que se contemple la realización de pruebas genéticas que puedan tener consecuencias importantes para la salud de una persona, debería ponerse a disposición de ésta, de forma adecuada, asesoramiento genético [284].

Por lo que se refiere al resto de derechos que configuran el *habeas genoma* que viene a conformar la Declaración, debe decirse que se contempla el *derecho de acceso* a los datos genéticos y proteómicos, a menos que se encuentren irreversiblemente disociados de la persona de la que proceden, o que el derecho interno imponga límites por razones de salud u orden públicos o de seguridad nacional [285].

En cuanto a la *cesión* de estos datos, la Declaración prescribe que no deben ser dados a conocer ni puestos a disposición de terceros, en particular empleadores, compañías de seguros, establecimientos de enseñanza o familiares de la persona en cuestión, salvo por una razón importante de interés público y de forma restringida, o cuando se haya obtenido el consentimiento previo, libre, informado y expreso de la persona afectada [286].

Respecto del *derecho de cancelación* de los datos genéticos y proteómicos, la Declaración dispone que los mismos no deben conservarse de manera que permitan la identificación de la persona de la que proceden

[283] Art. 10 de la Declaración.

[284] Lo recoge el art. 11 de la Declaración en el que se menciona que *«el asesoramiento genético debería ser no directivo, adaptado a la cultura de que se trate y atender al interés superior de la persona interesada»*.

[285] Art. 13 de la Declaración.

[286] Art. 14, b) del mencionado texto.

por más tiempo del necesario para cumplir los fines con los que fueron recolectados o ulteriormente tratados [287].

Finalmente, la Declaración hace un llamamiento para que los Estados instituyan un dispositivo de supervisión y gestión de los datos genéticos y proteómicos humanos y las muestras biológicas conservadas, que regule también la índole y finalidades de la conservación de estos datos y que se encuentre fundamentado en los principios de independencia, multidisciplinariedad, pluralismo y transparencia, así como en el resto de principios enunciados en la Declaración [288].

VI.2.2. **Ámbito español**

VI.2.2.1. ***Panorama normativo general***

Además de reproducir lo manifestado respecto del Convenio de Oviedo sobre derechos humanos y biomedicina, incorporado a nuestro ordenamiento interno, habría que significar que nuestra Constitución Española de 1978 alude explícitamente a la medicina preventiva (ámbito donde se desarrolla el consejo genético [289]) cuando reconoce el derecho a la protección de la salud y cuando encomienda a los poderes públicos organizar y tutelar la

[287] Art. 14, e) de la Declaración. En los apartados b) y c) del art. 21 se establece también que los datos de este tipo de una persona sospechosa obtenidos en el curso de una investigación penal deberían ser destruidos cuando dejen de ser necesarios (salvo que la legislación interna prevea otra cosa), así como los utilizados en medicina forense o en procedimientos civiles.

[288] Art. 20 de la Declaración.

[289] Por consejo genético puede entenderse el proceso por el cual los pacientes y a veces los parientes con riesgo de padecer enfermedades de carácter hereditario, genético o en relación con alguna alteración cromosómica, son advertidos de las consecuencias de una enfermedad o anomalía, de la probabilidad de padecerla o de transmitirla y de los medios posibles para evitarla, mejorarla o, al menos paliarla. Se trata de un acto médico que forma parte de los servicios de salud. V. AITZIBER EMALDI CIRIÓN. *El consejo genético y sus implicaciones jurídicas*. Cátedra Interuniversitaria Fundación BBVA-Diputación Foral de Vizcaya de Derecho y Genoma Humano. Ed. Comares, Bilbao-Granada 2001, págs. 1-14.

salud pública a través de *medidas preventivas* y de las prestaciones y servicios necesarios (art. 43).

Desde otra perspectiva, puede decirse que el tratamiento de la información genética pone en tensión diversos derechos fundamentales reconocidos por nuestra Constitución, concretamente los siguientes [290]: a) El derecho a la dignidad e integridad de las personas (art. 15), en este caso frente a las posibilidades de modificar el patrimonio biológico de las mismas. En este sentido, habría que contemplar dos principios de distinta naturaleza: la dignidad humana como principio colectivo y la dignidad humana como principio individual. b) El derecho a la libertad y al libre desarrollo de la personalidad (arts. 17 y 10.1), en cuanto que la información genética supone un conocimiento de sí mismo y forma parte de la realización de la persona. d) El derecho a la intimidad (art. 18). c) El principio de igualdad de oportunidades (art. 14), por cuanto el conocimiento de las predisposiciones genéticas de un individuo podría llegar a producir discriminaciones en el ámbito social o laboral.

Lógicamente, entre las referencias normativas nacionales que deben citarse, aunque no mencionen explícitamente a los datos genéticos, se encuentran la LOPD y el Reglamento de medidas de seguridad, ampliamente comentados en este trabajo.

Con mayor concreción aparecen referencias indirectas a la información genética en la Ley sobre técnicas de reproducción humana asistida, donde se establece que las técnicas podrán utilizarse en la prevención y tratamiento de enfermedades de origen genético o hereditario [291]; en la ley

[290] En sentido estricto los derechos fundamentales que recoge nuestra Constitución son los reconocidos en el art. 14, y en la Sección primera del Capítulo segundo del Título primero, así como el derecho a la objeción de conciencia reconocido en el art. 30.

[291] Art. 1.3 de la Ley 35/1988, y ver también alusiones a los diagnósticos preconceptivos (arts. 2.1, a); 5.6; 12, 13, 15, 16.1,j) y 20,B,i, de la ley). Igualmente, aborda la cuestión el Real Decreto 412/1996, de 1 de marzo, por el que se establecen los protocolos obligatorios de estudio de los donantes y usuarios relacionados con las técnicas de reproducción humana asistida y se regula la creación y organización del Registro Nacional de donantes de gametos y preembriones con fines de reproducción humana.

de utilización de embriones, fetos y tejidos, en la que se contempla la autorización de la aplicación de la tecnología genética con fines diagnósticos, que tendrán el carácter de diagnóstico prenatal, *in vitro* o *in vivo*, de enfermedades genéticas o hereditarias [292]; en el Reglamento de utilización de tejidos humanos [293]; o en el propio Catálogo de prestaciones sanitarias del Sistema Nacional de Salud, donde se contempla entre los servicios incluidos el del consejo genético en grupos de riesgo [294]. Tampoco pueden dejarse de citar los delitos relativos a la manipulación genética contenidos en nuestro Código Penal [295].

Por otro lado, hemos de tener en cuenta que en la investigación criminal de nuestros días juega un papel cada vez más relevante la obtención del ADN de los vestigios biológicos que puedan hallarse en el lugar del crimen. En algunas ocasiones, el contraste del perfil de ADN de las muestras encontradas con el ADN del presunto culpable de los hechos resulta ser la prueba esencial o imprescindible para averiguar la verdad material de lo ocurrido [296].

Como consecuencia de la situación referida nuestro ordenamiento, a través de una modificación de la Ley de Enjuiciamiento Criminal, incorporó una habilitación específica a los Jueces de Instrucción para que pudieran obtener las muestras correspondientes del sospechoso. En concreto, se establece que, 'siempre que concurran acreditadas razones que lo justifiquen, el Juez de Instrucción podrá acordar, en resolución motivada, la obtención de muestras biológicas del sospechoso que resulten indispensables para la

[292] V. Art. 8.2,a) de la Ley 42/1988.

[293] Real Decreto 411/1996, de 1 de marzo, por el que se regulan las actividades relativas a la utilización de tejidos humanos.

[294] V. Anexo I, punto 3, 5º, g), del Real Decreto 63/1995 de 20 de enero, sobre ordenación de prestaciones sanitarias del Sistema Nacional de Salud.

[295] Arts. 159 a 162 del Código Penal.

[296] V. FERNANDO ABELLÁN. *El consentimiento informado en la determinación de tóxicos*. III Seminario Internacional de Toxicología y Legislación Sanitaria. Universidad Complutense de Madrid. Facultad de Medicina, noviembre 2003.

determinación de su perfil de ADN. A tal fin podrá decidir la práctica de aquellos actos de inspección, reconocimiento o intervención corporal que resulten adecuados a los principios de proporcionalidad y razonabilidad' [297].

Se observa, por tanto, como el legislador ha tenido en cuenta a la hora de configurar este precepto legal los requisitos de regularidad formal y material de la resolución judicial y de proporcionalidad de la intervención, exigidos por nuestro Tribunal Constitucional para las intervenciones corporales, y que sin duda sirven de filtro para comprobar la corrección de la medida limitadora de derechos fundamentales del individuo. No se olvide que, entre los derechos que pueden verse afectados, se encuentran los de la integridad corporal, la intimidad personal y el consentimiento informado.

Al mismo tiempo, con ocasión de la modificación legislativa comentada, se ha incluido expresamente también la posibilidad de que, en los casos en que se ponga de manifiesto la existencia de huellas o vestigios cuyo análisis biológico pueda contribuir al esclarecimiento del hecho investigado, el Juez de Instrucción pueda adoptar u ordenar a la Policía Judicial o al médico forense que adopte las medidas necesarias para que la recogida, custodia y examen de las muestras biológicas se verifique en condiciones que garanticen su autenticidad [298]. En definitiva, para que se lleven a cabo las medidas necesarias para garantizar la cadena de custodia de las muestras con el fin de que sirvan de prueba en el juicio correspondiente.

VI.2.2.2. *Las muestras biológicas y su estatus legal*

Una cuestión controvertida que no se encuentra debidamente regulada en nuestro ordenamiento es la referida a la titularidad y derechos del pa-

[297] V. apartado c) de la Disposición final primera de la Ley Orgánica 15/2003, de 25 de noviembre, de modificación parcial del Código Penal, pero que también incluye variaciones a la Ley de Enjuiciamiento Criminal, en concreto las que aquí nos interesan afectan a los artículos 326 y 363 de esta norma (B.O.E. de 26 de noviembre de 2003).

[298] V. apartado b) de la misma disposición final que se acaba de indicar.

ciente sobre las muestras biológicas que le son extraídas de parte de su cuerpo con fines diagnósticos, por ejemplo con ocasión de una intervención quirúrgica [299].

No puede olvidarse que, a través de ellas, es posible obtener información, no solo de la patología médica que padece el interesado en el momento de la extracción de la muestra, sino también de su genoma, lo que hace que adquiera relevancia incluso en el supuesto de fallecimiento del paciente.

La práctica habitual es que, una vez realizados los análisis sobre las muestras y efectuado el informe diagnóstico correspondiente, éstas suelen quedar bajo la custodia de los servicios de anatomía patológica de los Hospitales, sin que se sepa bien cual es el verdadero estatus jurídico de las mismas, a efectos de decidir sobre su utilización para la investigación, sobre su conservación para fines judiciales, sobre su destrucción, etc.

Aún en el caso de que, como sostiene PILAR NICOLÁS, se considere que en los supuestos mencionados se produce un abandono presunto de las muestras por parte del paciente e, incluso, un consentimiento presunto para la utilización de sus muestras con fines de investigación [300], lo cierto es que permanecen latentes situaciones jurídicas a tener en cuenta por parte del Hospital que le impiden disponer de las mismas sin ninguna cortapisa.

Por un lado, en lo referente a las posibilidades de investigación con las muestras biológicas, en cuanto soportes que contienen datos de salud de las personas, aunque la LOPD admita que la utilización de los datos personales con fines estadísticos o científicos debe considerarse compatible con la finalidad que hubiera presidido su recogida [301], en este caso la asistencia mé-

[299] Si existe regulación respecto de la utilización de las muestras para fines específicos como donación de tejidos (Real Decreto 411/1996), donación de sangre (Real Decreto 1854/1993), trasplantes (Real Decreto 2070/1999), reproducción humana (Ley 35/1988).

[300] PILAR NICOLÁS JIMÉNEZ. *Los derechos del paciente sobre su muestra biológica: distintas opiniones jurisprudenciales. Revista Derecho y Genoma Humano*, núm. 19/2003, págs. 207-228.

[301] Art. 4.2 de la LOPD.

dica, lo cierto es que la ley básica de autonomía del paciente exige para el acceso a la documentación clínica con fines de investigación que, salvo que medie consentimiento expreso del paciente, habrá de asegurarse el anonimato de este último [302].

En este sentido, siempre que para los investigadores las muestras resulten asociables a la persona de la que proceden será preciso recabar el consentimiento previo y expreso de esta última para la investigación, sin que pueda admitirse como válido a estos efectos el consentimiento conferido por el paciente para su propia asistencia sanitaria (aunque sí podría aprovecharse el momento de obtención de este último para recabar ambos).

A pesar de lo anterior, el profesor Romeo Casabona admite la posibilidad de que existan casos en los que no sea posible u oportuno contar con el consentimiento del interesado, y que estarían justificados siempre que quedaran suficientemente acreditados los siguientes extremos: que la intimidad del paciente no va a ser dañada desproporcionadamente, que la investigación es de interés general, que la investigación no es posible sin los datos personales nominativos, que la persona afectada no haya expresado ninguna objeción previamente o no sea presumible dicha objeción (por ejemplo, si ha fallecido) [303].

En cualquier caso, pensamos que para la utilización de las muestras biológicas con fines de investigación, sin consentimiento del afectado y sin haber quedado garantizado su anonimato, se requeriría la oportuna habilitación normativa.

Por otro lado, en el terreno específico del derecho a la protección de datos, es evidente que deben respetarse al paciente una serie de derechos básicos de información, acceso, rectificación, etc., respecto de la información contenida en esas muestras.

[302] Art. 16.3 de la Ley 41/2002, básica de autonomía del paciente, y art. 7.3 de la LOPD.

[303] V. Carlos M.ª Romeo Casabona. *Los genes y sus leyes,* ob. cit., pág. 172-173. Alude el autor al caso de Holanda.

Sobre este segundo aspecto resulta muy interesante el análisis de la citada autora PILAR NICOLÁS que, partiendo de que la muestra biológica y la historia clínica son realidades distintas, considera, no obstante, que ambas comparten algunas características importantes (son soportes de datos de salud, son propiedad del centro hospitalario no del individuo, y en los dos casos un profesional actúa con ellas o sobre ellas para obtener un resultado útil de cara a la asistencia al paciente) que hacen aconsejable, mientras no existan otros instrumentos de protección más adecuados, proyectar los derechos ejercitables en relación a la historia clínica hacia la muestra biológica.

En este sentido, la mencionada autora entiende que el derecho de acceso a la muestra facultaría al interesado, por analogía respecto del derecho de acceso a la historia clínica, para obtener información de los datos de la muestra (a través del informe anatomía patológica), pero no así para conseguir la entrega de la muestra propiamente dicha y poder someterla a otro examen.

Sin embargo, a su juicio, de la aplicación del principio de calidad de los datos personales reconocido en la LOPD [304], que obliga a que los mismos respondan a la realidad, sí se derivaría la posibilidad para el paciente de exigir un nuevo análisis de la muestra, decidiendo entonces, es decir, al consentir un segundo estudio, cómo y quién va a obtener la nueva información, de lo que se deduciría también la necesaria obligación de entrega de la muestra en este caso, exclusivamente [305].

VI.3. EL DERECHO A LA INTIMIDAD GENÉTICA

Dentro del estudio de la protección de la intimidad respecto de los datos de salud de las personas, merece especial atención el análisis del dere-

[304] El art. 4.3 de la LOPD indica que los datos de carácter personal serán exactos y puestos al día de forma que respondan con veracidad a la situación actual del afectado.

[305] PILAR NICOLÁS JIMÉNEZ. *Los derechos del paciente sobre su muestra biológica: distintas opiniones jurisprudenciales;* ob. cit.

cho a la intimidad genética, definido por el profesor RUIZ MIGUEL como el derecho a determinar las condiciones de acceso a la información genética [306].

Para el citado autor debe distinguirse entre un elemento objetivo y otro subjetivo del citado derecho a la intimidad genética.

Nuestro Tribunal Constitucional viene aceptando un derecho a la intimidad corporal de carácter limitado y circunscrito a aquellas partes del cuerpo humano afectadas por el recato o pudor personal [307].

No obstante, desde nuestro punto de vista el derecho a la intimidad genética supone en cierta medida una superación del concepto anteriormente referido en cuanto que, incluso aquellas partes respecto de las que no puede predicarse normalmente una reserva de pudor, pueden servir ciertamente para producir una agresión a la intimidad personal, ya que el material biológico en general es susceptible de revelar las características genéticas de un individuo y su familia [308].

Por esta razón, el citado profesor RUIZ MIGUEL afirma que el elemento objetivo del derecho a la intimidad genética lo constituye el genoma humano en última instancia y, por derivación, cualquier tejido o parte del cuerpo humano en el que se encuentre esa información genética [309].

Por lo que se refiere al elemento subjetivo de la intimidad genética, el mencionado autor acepta la construcción conceptual del derecho a la intimidad informática que vimos anteriormente, para configurar el derecho a la intimidad genética. Es decir, dicho elemento subjetivo estaría configurado por la voluntad del sujeto de determinar quién y en qué condiciones pue-

[306] CARLOS RUIZ MIGUEL, *La nueva frontera del derecho a la intimidad. Revista Derecho y Genoma Humano,* 14/2001, págs. 147-167.

[307] Sentencias del Tribunal Constitucional 37/1989, 120/1990 y 137/1990.

[308] V. JAVIER SÁNCHEZ-CARO y FERNANDO ABELLÁN, *Derechos y Deberes de los Pacientes (Ley 41/2002 de 14 de noviembre: consentimiento informado, historia clínica, intimidad e instrucciones previas)*, Fundación Salud 2000, Granada 2003 (págs. 27-43).

[309] CARLOS RUIZ MIGUEL, ob. cit., pág. 151.

de acceder a la información sobre su genoma. En este sentido, RUIZ MIGUEL aboga por el establecimiento de un 'habeas genoma', entendido como el conjunto de procedimientos y reglas para acceder a la información que sobre nuestro genoma puedan poseer administraciones o particulares, para rectificarla, cancelarla, crear nuevos ficheros, etc. [310].

Por otro lado, y para salvar el supuesto de la protección de la intimidad genética de los no nacidos, RUIZ MIGUEL considera que el sujeto activo del derecho que estamos comentando debe ser necesariamente todo ser humano sea cual sea el momento de su vida, entendiendo a estos efectos por ser humano todo ser dotado de genoma humano diferenciado. Igualmente, los sujetos pasivos serían los poderes públicos y los particulares, pues a ambos concierne el respeto a la dignidad humana de la que forma parte la intimidad genética [311].

Paralelamente a lo que expusimos sobre el derecho a la intimidad y el derecho a la protección de datos personales, el mencionado profesor SEOANE RODRÍGUEZ considera que el derecho a la protección de datos genéticos rebasa los límites del derecho a la intimidad genética, ya que el ámbito de protección del primero es más amplio al abarcar, no sólo las informaciones y datos genéticos respecto del ámbito reservado de la vida de los individuos, sino también las citadas informaciones y datos que se hallen en el ámbito público o de terceros, garantizando el control del interesado [312].

Por esta razones, debe hacerse todo lo posible desde los Estados para proteger el *secreto genético*, garantizando que, cuando se realice un análisis genético, los resultados se utilicen con fines benéficos, tanto para los pacientes considerados individualmente, como para la sociedad en su conjunto [313].

[310] *Ibídem*, pág. 153.

[311] *Ibídem*, págs. 155 y 156.

[312] JOSÉ ANTONIO SEOANE RODRÍGUEZ, ob. cit., págs. 148 y 149.

[313] V. Apartado 27 de la citada Propuesta de Resolución del Parlamento Europeo de fecha 24 de julio de 2001, donde se admite la posibilidad de excepcionar el principio general del secreto genético en los casos de utilización de las huellas digitales genéticas, conservadas en los bancos de datos de ADN, para identificar y capturar delincuentes.

Como dice ÁLVAREZ-CIENFUEGOS, la enorme potencialidad descriptiva de la genética respecto de eventuales comportamientos de futuro en un determinado grupo de personas hace que el derecho al *secreto genético*, hoy día incorporado masivamente a soportes informáticos, sea un bien codiciado desde la perspectiva de empresas de negocios, compañías aseguradoras, entidades de colocación, y desde las mismas Administraciones públicas. Por esta razón, el citado autor manifiesta que el uso de la información genética fuera de la estricta finalidad asistencial puede plantear en un futuro inmediato problemas éticos y jurídicos de extraordinaria complejidad [314].

VI. 4. LOS RIESGOS DEL USO INADECUADO DE LA INFORMACIÓN GENÉTICA

Conforme indica el reiterado profesor SEOANE RODRÍGUEZ, el uso inadecuado de la información genética puede generar peligros y perjuicios diversos [315]:

a) El *reduccionismo* o interpretación de la realidad humana únicamente con base en la información genética. Evidentemente este enfoque simplifica erróneamente la complejidad de la vida humana al apostar únicamente por entenderla a partir de una de sus muchas dimensiones como es la información genética, pero descartando otras tan importantes o más como el factor ambiental, cultural, social, etc.

b) El *determinismo*, que consiste en aceptar que el comportamiento humano está determinado por los genes, convirtiendo en certeza científica lo que no es sino un conocimiento parcial o probabilístico.

[314] JOSÉ MARÍA ÁLVAREZ-CIENFUEGOS SUÁREZ. «La aplicación de la firma electrónica y la protección de datos relativos a la salud». *Revista Actualidad Informática Aranzadi*, núm. 39, abril de 2001 (págs. 4 y 5). Manifiesta también el citado autor que *«El almacenamiento y manejo institucional —sea o no en el sistema público de salud— de millones de datos genéticos relativos a un gran número de ciudadanos constituye hoy día una amenaza que se ve incrementada por la facilidad de su transmisión a través de sistemas electrónicos»*.

[315] JOSÉ ANTONIO SEOANE RODRÍGUEZ, ob. cit., págs. 152-154.

c) Consecuencia de los dos factores anteriores, es el riesgo de *estigmatización y discriminación* por las características genéticas, que den lugar a una marginación de ciertos grupos de ciudadanos.

En última instancia, para el citado autor, los peligros consistirían en la pérdida o minoración de la capacidad de autodeterminación de los individuos y en la disolución de la identidad humana.

VI.5. ALGUNOS CONFLICTOS BIOÉTICOS Y JURÍDICOS QUE PROVOCA LA INFORMACIÓN GENÉTICA [316]

VI.5.1. El derecho a no saber si se padece una enfermedad o predisposición genética

En el campo de las pruebas genéticas el derecho a no saber consistiría en que el individuo, no sometiéndose a pruebas genéticas, evita conocer si es realmente portador de una enfermedad o predisposición genética.

Ahora bien, como sostiene el profesor ROMEO CASABONA, la persona que pretende invocar el derecho a no saber parte de un presupuesto, que consiste en que 'ya sabe'. Es decir, que el afectado intuye o conoce que, por antecedentes familiares o por cualquier otra información que posee, pertenece a un grupo de riesgo de determinada patología genética, y que además la enfermedad en cuestión no tiene cura ni posibilidad de tratamiento para reducirla o paliarla, por lo que nada pueden hacer ni él ni la ciencia [317].

Se trata de casos en que, de realizarse las pruebas genéticas, el individuo se encontraría frente a un previsible pronóstico fatal sin curación posi-

[316] V. FERNANDO ABELLÁN y C. MILLANA. Capítulo *Conflictos de Información en el Consejo Genético*, dentro de la obra *Cuadernos del Master en Derecho Sanitario, Vol. II.* Departamento de Toxicología y Legislación Sanitaria. Facultad de Medicina. Universidad Complutense de Madrid, 2003 (págs. 7-28).

[317] CARLOS MARÍA ROMEO CASABONA. Capítulo *El tratamiento y la protección de los datos genéticos,* de la obra *Gen-Ética*, ob. cit., págs. 252-255.

ble. En estos supuestos algunos autores como ROSCAM ABBING sostienen que la comprobación objetiva de inexistencia en un momento dado de conocimientos y técnicas científicas para prevenir la enfermedad o paliarla, debe conducir a la conclusión de que no se permita en general la realización de pruebas diagnósticas en tales circunstancias [318]. No obstante, para los defensores a ultranza del principio de autonomía del paciente, esta solución podría no ser satisfactoria en cuanto que privaría al afectado de planificar su vida adecuadamente conforme a sus expectativas personales. En este sentido, el profesor PETER SINGER manifiesta que el principio del respeto a la autonomía nos indica que hemos de permitir que los agentes racionales vivan sus propias vidas de acuerdo con sus propias decisiones autónomas, libres de la coerción o la interferencia [319].

En cualquier caso, para el citado ROSCAM ABBING, obligar a alguien a recibir dicha información en las circunstancias referidas, sería incompatible con el derecho a proteger la esfera privada de la persona, que se encuentra reconocido internacionalmente como uno de los derechos humanos más importantes [320].

Pero con todo, el derecho a no saber, como el derecho a ser informado, no pueden concebirse tampoco como unos derechos absolutos o ilimitados. Para hallar sus límites existen, desde el punto de vista bioético, dos criterios aceptados por la mayoría de los autores [321]:

En primer lugar, se encontraría el *criterio de la colisión de deberes*, que consiste en analizar aquellos casos en los que el médico tiene delante de sí dos obligaciones contrapuestas y diferentes que se le presentan al mismo tiempo. Pensemos en el caso de que un paciente le exija el deber de confidencialidad

318 ROSCAM ABBING. «La información genética y los derechos de terceros. ¿Cómo encontrar un adecuado equilibrio?» *Revista de Derecho y Genoma Humano*, núm. 2, 1995, pág. 38.

319 PETER SINGER. *Una vida ética. Escritos*. Ed. Taurus, 2002 (págs. 231).

320 ROSCAM ABBING, ob. cit., pág. 40.

321 CARLOS ROMEO CASABONA. *Los genes y sus leyes. El derecho ante el genoma humano*. Cátedra Interuniversitaria Fundación BBVA-Diputación Foral de Vizcaya de Derecho y Genoma Humano. Ed. Comares, Bilbao-Granada 2002, págs. 71-75.

respecto de una enfermedad genética con tratamiento posible y, al mismo tiempo, esa enfermedad pueda afectar a otro paciente suyo, por ser familiar consanguíneo del anterior, a quien el facultativo debe preservar también la salud. Evidentemente, la opción del médico por respetar uno de los dos deberes referidos supondrá de forma inevitable la lesión del no elegido, por lo que tendrá que valorar con esmero la mayor relevancia de uno u otro.

El segundo criterio, sería el del *estado de necesidad*, en el que no se produce una colisión entre dos deberes distintos, sino que la disyuntiva se sitúa en transgredir un deber para con el paciente (por ejemplo, de confidencialidad), o lesionar un bien jurídico general respecto de otra persona con la que no se tienen deberes directos (la vida de otra persona no paciente que pueda estar en peligro por la enfermedad del que sí es paciente).

Como sostiene el profesor CEREZO MIR, tanto en el caso de la colisión de deberes como en el del estado de necesidad, deben ponderarse todos los intereses presentes en el conflicto, y no solo los bienes jurídicos implicados, sobre la base de criterios objetivos acordes con las valoraciones en Derecho[322].

Adentrándonos ya en el análisis jurídico de la cuestión, el Convenio sobre derechos humanos y biomedicina recoge de forma explícita, dentro del capítulo que dedica a la vida privada y al derecho de información, el obligado respeto de la voluntad de una persona que no quiera ser informada[323], admitiendo la posibilidad de que por ley se establezcan límites a este derecho de no información, en interés del paciente, lo que para la mayor parte de los autores supone una alusión indirecta a la necesidad terapéutica como excepción de la obligación de informar.

Pero, además, el propio Convenio admite entre las posibles restricciones legales, las que tengan por objeto la protección de la salud pública o la protección de los derechos y libertades de las demás personas[324].

[322] JOSÉ CEREZO MIR. *Curso de Derecho Penal Español, II*. Ed. Técnos, Madrid, 1998 (págs. 256 y ss.).

[323] Art. 10.2 del Convenio.

[324] Art. 26 del mismo texto legal.

Asimismo, en sintonía con lo establecido en el citado Convenio, la ley de autonomía del paciente desarrolla de forma más exhaustiva el derecho a no ser informado fijando como límites explícitos del mismo, el interés de la salud del propio paciente al que la adopción de determinadas medidas pudieran resultarle muy beneficiosas para prevenir la enfermedad y, por lo tanto, pudieran considerarse una auténtica exigencia terapéutica; y también el interés de terceros y de la colectividad, que por su proximidad al paciente que padece una grave enfermedad de fácil transmisión pudieran verse afectados [325]. Pensemos por un momento en los casos surgidos en China durante el año 2002 de la denominada neumonía atípica. Lógicamente, a las personas afectadas por la citada enfermedad que pueden contagiarla a los demás, no puede aceptárseles la invocación de su derecho a no saber por el grave daño que el desconocimiento de su padecimiento podría originar a otras personas.

El criterio legal limitador recogido en la norma que estamos comentando consiste, en definitiva, en excluir del derecho a no saber aquellos supuestos en los que el mismo debe ceder para salvaguardar otros derechos a los que el legislador confiere mayor relevancia [326].

VI.5.2. La revelación de hallazgos inesperados a raíz de la realización de pruebas genéticas

En ocasiones ocurre que con motivo de la realización de análisis genéticos a una pareja que desea tener descendencia se descubren patologías insospechadas o falsas atribuciones de paternidad respecto de un hijo previo. Esta situación plantea el dilema ético para el facultativo de si debe informar o no de esos hallazgos a los miembros de la pareja, aún cuando se trate de una información que no le ha sido requerida por aquéllos.

[325] V. art. 9.1 de la citada ley de autonomía del paciente.

[326] JAVIER SÁNCHEZ-CARO y FERNANDO ABELLÁN. *Derechos y deberes de los pacientes (Ley 41/2002, de 14 de noviembre: consentimiento informado, historia clínica, intimidad e instrucciones previas).* Fundación Salud 2000, Ed. Comares, 2003 (págs. 23 y 24).

Como primera aproximación al problema podríamos sostener que la decisión sobre la forma de proceder en estos casos tiene que tener presente el hecho de evitar, a toda costa, que la pareja pueda tomar decisiones reproductivas basadas en situaciones falsas.

La profesora EMALDI CIRIÓN sistematiza el problema planteado respecto del caso de la falsa atribución de paternidad, contemplando tres alternativas [327]:

a) *Divulgación de la falsa atribución de paternidad sólo a la madre.* La razón para sustentar esta postura sería la preservación de la unidad familiar de la pareja, que teóricamente se podría ver afectada por el conocimiento repentino del varón de que él no es realmente el padre biológico de su hijo.

EMALDI se muestra disconforme con esta solución sobre la base de que el consejero genético no tiene porqué ser un también un consejero matrimonial. Igualmente considera la citada autora que, al decidir por su cuenta el facultativo lo que debe o no informarse a los pacientes, pudiera estar incurriendo en un consejo genético directivo, rechazado por la doctrina mayoritaria que entiende que el consejo genético es un proceso en el que se informa y aconseja de forma expositiva y en el que son los sujetos implicados los que tienen que decidir libremente sobre alguna de las alternativas que se les ofrezcan. Además, considera EMALDI que el informar sólo a la madre en estos casos podría suponer una discriminación frente al varón de carácter inconstitucional.

b) *Divulgación de la falsa atribución de la paternidad a los dos miembros de la pareja.* A favor de esta tesis se encontraría el hecho de que la información es relevante por motivos reproductivos. Sin embargo, no parece ser ésta la postura adoptada con carácter general por los consejeros genéticos al entender que con la misma puede romperse la relación de pareja y originarse un desprecio hacia el niño.

[327] AITZIBER EMALDI CIRIÓN. *El consejo genético y sus implicaciones jurídicas*, ob. cit., pág. 277.

c) *No informar directamente de la situación a ninguna de las dos partes.* Los partidarios de esta alternativa consideran que podríamos estar ante un supuesto conocido en algunas legislaciones como 'caso límite', que excluiría el deber de informar por poder generar perjuicios de salud importantes a la persona afectada. Sin embargo, la profesora EMALDI entiende que averiguar una falsa paternidad no puede entenderse como un caso límite del tipo indicado, ni tiene tampoco importancia clínica directa.

Después de analizar las variantes anteriores, concluye EMALDI que, a su modo de ver, la alternativa más adecuada que ha de tomar el consejero genético radica en la transmisión de la información veraz a los dos miembros de la pareja, ya que, en este caso de la falsa atribución de paternidad, no existe realmente una causa médica de exclusión admisible (urgencia, necesidad terapéutica, etc.) que justifique lo contrario.

Coincide EMALDI con el profesor ROMEO CASABONA en que debiera informarse al sujeto, antes de la realización de la prueba genética, sobre la eventualidad de estos hallazgos para que se pronuncie sobre si, llegado el caso, quiere conocerlos o no. Sin embargo, el segundo autor discrepa de la primera en el sentido de que considera que, si no se ha previsto lo anterior, no existe la obligación de transmitir el hallazgo inesperado, salvo que se trate del diagnóstico de una enfermedad grave para la que exista tratamiento o prevención más o menos efectivos (que no sería el caso de la falsa atribución de paternidad pues no es ninguna enfermedad) [328].

Para analizar jurídicamente el problema planteado anteriormente desde el derecho positivo español, hemos de acudir por un lado al Convenio sobre Derechos Humanos y Biomedicina, en donde se prevé que toda persona tendrá derecho a conocer toda información obtenida respecto de su salud [329]; y por otro, a la Ley básica de autonomía del paciente, en la que se indica igualmente que los pacientes tienen derecho a conocer, con moti-

[328] CARLOS ROMEO CASABONA. *Los genes y sus leyes. El derecho ante el genoma humano*, ob. cit., pág. 74.

[329] Art. 10.2 del Convenio.

vo de cualquier actuación en el ámbito de su salud, toda la información disponible sobre la misma, salvando los supuestos exceptuados por la ley y, además, que la información habrá de ser verdadera y ayudará al paciente a tomar decisiones de acuerdo con su propia y libre voluntad [330].

Se observa, por tanto, que el contenido de la información recogido en los dos preceptos legales mencionados se formula en términos muy amplios, si bien dirigido siempre en beneficio de la salud del paciente. Por otro lado, las excepciones legales a la información recogidas tanto en el Convenio como en la ley básica (incapaces, necesidad terapéutica, urgencia, derecho a no saber, respeto a derechos de terceros, seguridad pública), no incluyen el supuesto del hallazgo inesperado, aunque podrían admitirse algunos casos (distintos de los de la falsa atribución de paternidad) en los que el conocimiento repentino de una predisposición genética a una enfermedad grave incurable pudiera justificar la activación de la *necesidad terapéutica* como argumento limitador del derecho de información al paciente. Sin embargo, tampoco parece posible ocultar arbitrariamente ese tipo de información en la medida en que el precepto legal citado habla de 'toda la información disponible'.

A mayor abundamiento, JEAN MICHAUD, redactor del Informe Explicativo del Convenio sobre Derechos y Biomedicina, al tratar del contenido de la información, indica expresamente que el 'derecho a saber' de una persona comprende toda la información recogida sobre su salud, ya un diagnóstico, un pronóstico o cualquier otro dato relevante [331].

Por su parte, CONCEPCIÓN ALDAMA, analizando las posibles limitaciones al derecho a saber que permite el Convenio referido, recuerda que las medidas restrictivas deben obedecer estrictamente al criterio de necesidad

[330] Ley 41/2002, de 14 de noviembre, básica reguladora de la autonomía del paciente y de derechos y obligaciones en materia de información y documentación clínica. Ver art. 4, apartados 1 y 2.

[331] JEAN MICHAUD. *Informe Explicativo de la Convención para la protección de los derechos humanos y la dignidad del ser humano con respecto a las aplicaciones de la biología y la medicina* (apartado 66). Publicado en *Diario Médico*, el 4 de abril de 1997.

de salvaguardar el interés colectivo o los derechos y libertades de los otros y ajustarse al principio de legalidad en su establecimiento [332]. Es decir, que las limitaciones al derecho de información deben estar previstas por ley.

Otros autores, entienden que, toda vez que el objetivo último de la información al paciente es, como hemos dicho, el beneficio de su salud, en situaciones de falsa atribución de paternidad respecto del hijo, donde el conocimiento de esta circunstancia no afecte a la salud, no sería preciso comunicar este hallazgo por los daños innecesarios que pudieran ocasionarse (por ejemplo, la ruptura familiar). Como fundamento de esta postura se encontraría la aplicación del criterio legal del estado de necesidad, comentado anteriormente al tratar sobre el derecho a no saber.

También en esta línea se manifiesta la reiterada Recomendación del Consejo de Europa sobre protección de datos médicos, que establece que la persona sometida a un análisis genético debe ser informada de los hallazgos inesperados sin concurren las siguientes condiciones: a) que la ley nacional no prohíba dar tal información, b) que la persona en cuestión la haya solicitado, c) que no sea probable que la información le cause un daño serio a su salud o a sus parientes consanguíneos o uterinos, a un miembro de su familia social o a una persona que tenga un vínculo directo con su línea genética. Siempre dejando a salvo el que la persona sea informada si la información es de importancia directa para él en el ámbito del tratamiento o la prevención [333].

De cualquier forma, dejando a parte la lógica conveniencia de ponderar en cada caso concreto que se plantee la trascendencia que el hallazgo inesperado pueda tener para la salud del paciente y para su cohesión familiar, a la luz de la normativa comentada y de la amplitud del concepto de dato mé-

[332] CONCEPCIÓN ALDAMA BAQUEDANO. Ver capítulo III, *La protección de la intimidad y el derecho a la información*, donde comenta las restricciones del art. 26 del Convenio, dentro de la obra citada, *El Convenio de Derechos Humanos y Biomedicina. Su entrada en vigor en el ordenamiento jurídico español* (págs. 139-162).

[333] Ver apartado 8.4 del apéndice de la citada Recomendación R (97) 5, de 13 de febrero de 1997.

dico admitido doctrinalmente y por el propio Consejo de Europa [334], resulta cuestionable obviar al paciente el hallazgo inesperado con motivo de un análisis genético, salvo en el caso de que el facultativo pueda acogerse a la excepción de la necesidad terapéutica, que nada tiene que ver con el impacto familiar o social de la información que se oculta, sino con la existencia o no de razones médicas objetivas que justifiquen que el conocimiento por el paciente de su propia situación puede perjudicar su salud de manera grave.

VI.5.3. **La revelación de información genética a los familiares del paciente**

No cabe duda que el elemento principal de todo el marco protector en materia de información genética ha de estar constituido por el consentimiento informado de la persona afectada, en cuanto manifestación voluntaria de su autonomía personal.

La cuestión que se plantea es la posibilidad de trasladar a la familia consanguínea o afín (en particular el cónyuge, cuyo interés deriva de la eventualidad de procrear en común con el sujeto hijos susceptibles de heredar determinadas anomalías genéticas del mismo) la información genética que el médico descubre en relación con un determinado paciente. La doctrina, unánimente, pone de relieve cómo las características genéticas son transmisibles de una generación a otra, de modo que si una persona es portadora de un gen responsable de determinada enfermedad es casi seguro que dicho gen se hallará presente también en otros miembros de su familia consanguínea, por lo que se discute si el paciente no es ya el individuo sino la familia entera [335].

[334] La Recomendación R (97) 5, del Comité de Ministros del Consejo de Europa a los Estados miembros, relativa a la protección de los datos médicos, indica que estos últimos hacen referencia a todos los datos de carácter personal relativos a la salud de una persona y que afecta igualmente a *«... los datos manifiesta y estrechamente relacionados con la salud, así como a las informaciones genéticas»*. También es de interés el apartado 45 de la Memoria Explicativa del Convenio 108 del Consejo de Europa, de 28 de enero de 1981, para la protección de las personas con respecto al tratamiento automatizado de los datos de carácter personal.

[335] V. JESÚS y JAVIER SÁNCHEZ-CARO, *El médico y la intimidad*, Ed. Díaz de Santos, Madrid, 2001, págs., 176-179

En particular, al descubrirse la presencia del gen en un individuo, hay que preguntarse si procede comunicar dicha información a sus parientes, a fin de que puedan hacer uso de la misma a efectos diagnósticos, preventivos, terapéuticos, o de otro orden.

Desde el punto de vista legal, no debe olvidarse que la ley básica de autonomía del paciente establece que el titular del derecho a la información asistencial es este último, y que sólo deben ser informadas las personas vinculadas a él por razones familiares o de hecho, en la medida en que el paciente lo permita de manera expresa o tácita [336].

En cualquier caso, la mayoría de los autores están de acuerdo en afirmar que la responsabilidad directa de la comunicación incumbe al sujeto, pero el dilema que se presenta es si está obligado el médico a comunicar por sí mismo la información a los demás interesados, en caso de negativa del paciente. Sobre este particular no parece que pueda darse una solución de carácter general, sino que dependerá de las circunstancias de cada caso, que deben contemplar no solo la ponderación de los intereses en conflicto (el derecho a la vida privada del paciente y el derecho a la salud de los demás miembros de la familia), sino que habrá de tener en cuenta también la desconfianza en la profesión médica que el acto de la información pueda originar y, sobre todo y muy especialmente, la gravedad de la enfermedad de que se trate [337].

Como comenta el profesor ROMEO CASABONA, los datos genéticos deben ser protegidos frente a terceras personas, incluso en el caso de familiares, aunque esos terceros tengan un interés objetivo en conocer esa información. Ahora bien, como continúa diciendo el citado autor, una vez asentada la relevancia del derecho de la persona sobre su propia información genética, es posible encontrar restricciones a este derecho en determinadas circunstancias en las que exista una adecuada justificación [338].

[336] V. art. 5.1. de la Ley 41/2002.

[337] *Ibídem.*

[338] CARLOS MARÍA ROMEO CASABONA. Capítulo *El tratamiento y la protección de los datos genéticos,* de la obra *Gen-Ética*, ob. cit., pág. 244.

No en vano, como ya adujimos al comentar otros casos de conflicto anteriores, el propio Convenio de Oviedo sobre derechos humanos y biomedicina prevé explícitamente la posibilidad de tales restricciones, que habrán de establecerse por ley, cuando entren en juego determinados intereses colectivos o los derechos de otras personas [339]. Para el citado autor, incluso sin regulación legal específica, es posible prestar atención a los intereses de terceros cuando puedan verse afectados gravemente su vida o su salud, acudiendo alternativamente a los criterios ya expuestos de la colisión de deberes o del estado de necesidad, según los casos [340].

VI.5.4. **La información genética en el ámbito laboral y de las compañías de seguros**

Se cuestiona la posibilidad de realizar pruebas genéticas como requisito previo a cualquier actividad laboral o a la contratación de un seguro de vida o enfermedad, y ello en aras de evitar todo atisbo de discriminación posible.

Por lo que se refiere al ámbito laboral, CARLOS DE SOLA considera que son varias las razones por las que un empresario puede tener interés en conocer el previsible estado de salud futura del candidato a un empleo o a nuevas responsabilidades en la empresa [341]: a) asegurarse de que la persona que se dispone a emplear goza de una salud lo suficientemente buena para permitirle, mientras dure la relación laboral, desempeñar las funciones correspondientes; b) evitar o reducir el absentismo laboral; c) evitar invertir en la formación de personas que, a causa de una enfermedad ulterior, no podrían rentabilizar la formación; d) evitar el aumento de las cotizaciones a seguros de enfermedad, invalidez y defunción en los casos donde la cotización del empleador varíe en función de los siniestros; e) evitar que el

[339] Art. 26.1 del Convenio.

[340] CARLOS MARÍA ROMEO CASABONA. Capítulo *El tratamiento y la protección de los datos genéticos*, de la obra *Gen-Ética*, ob. cit., págs. 252-255.

[341] CARLOS DE SOLA. «Privacidad y datos genéticos. Situaciones de conflicto (II)». *Revista Derecho y Genoma Humano* 2/1995, págs. 157-166.

empleado se vea sometido a determinadas condiciones de trabajo que, unidas a su predisposición genética, pudiesen contribuir a la aparición o agravamiento de una enfermedad; y f) disminuir el riesgo de responsabilidad empresarial por daños causados a terceros a consecuencia de los accidentes que el mal estado de salud del trabajador pudiera ocasionar.

Para este autor todas las razones referidas son, en principio, legítimas, si bien deben contrapesarse con el derecho del sujeto a mantener la confidencialidad de sus datos, su vida privada, su acceso al trabajo. Subyace también un interés social consistente en evitar la constitución de grupos de población sin acceso al trabajo, marginados y discriminados.

Merece la pena destacar aquí el dictamen del *Grupo Europeo de Ética de las Ciencias y las Nuevas Tecnologías* sobre la realización de test genéticos en el lugar de trabajo, en el que se opone, por norma general, al recurso a este tipo de pruebas predictivas para la selección de personal o respecto de empleados ya incorporados a la compañía, y ello, además de para evitar cualquier tipo de discriminación, por razón también de la falta de evidencias científicas en la actualidad sobre la relevancia de estas pruebas en el ámbito laboral y, en definitiva, sobre su valor predictivo [342].

El Grupo mencionado considera que admitir el cribaje genético (concepto en el que incluye la información sobre antecedentes familiares) como una técnica más de reconocimiento médico laboral, o la revelación de test a los que el empleado se haya sometido previa y voluntariamente, es éticamente inaceptable.

Asimismo, entiende en su dictamen que el deber del empresario de proteger la salud de los trabajadores puede cumplirse plenamente con los reconocimientos médicos tradicionales, sin realizar cribaje genético. Por tanto, el empresario no debe realizarlos ni pedir al trabajador que se someta a ellos.

[342] V. dictamen titulado *Aspectos éticos de los test genéticos en el lugar de trabajo*. Grupo Europeo de Ética de las Ciencias y las Nuevas Tecnologías, 28 de julio 2003.

No obstante, el Grupo admite que en algún caso excepcional el puesto pueda influir en la seguridad del trabajador o de terceros mediante una estrecha conexión con el factor genético, pero aun así sólo acepta el empleo de los test si está demostrado que es el único medio diagnóstico para descartar el peligro, si se cumple el principio de proporcionalidad, si no conlleva una vulneración del principio de no discriminación, si se cuenta con el consentimiento informado del afectado y si existe tanto la autorización general de una ley como la particular de la correspondiente organización de trabajadores y de un comité independiente.

En estos supuestos en los que quepa admitir la realización de los test genéticos, el Grupo Europeo hace especial hincapié en que la información al aspirante al puesto de trabajo o al empleado se lleve a cabo por un profesional de la salud y sea completa (razones que llevan a la realización del test, sus implicaciones y consecuencias, las condiciones de conservación y acceso a los datos del test), debiéndose incluso facilitar al interesado, si lo pide, acceso a un consejero legal independiente.

Los datos de estos test deben conservarse de forma confidencial, accesibles sólo para el interesado y para el profesional de la salud, quedando estrictamente prohibida su comunicación a terceras personas, incluido el empresario, sin consentimiento de la persona afectada. Además, cuando de la realización de los test se desprendan condiciones genéticas incompatibles con la protección de la salud del empleado o candidato al puesto de trabajo, la información que se facilite al empresario sólo debe consistir en dicha circunstancia, sin incluir la especificación de la causa que la motiva.

En un sentido similar a lo manifestado, el profesor ROMEO CASABONA, a la luz de las disposiciones del Convenio sobre derechos humanos y biomedicina, que prohíben todo tipo de discriminación por razones genéticas y limitan la realización de pruebas genéticas al ámbito médico o de investigación médica, considera que en un contexto laboral estarían permitidos, bajo las condiciones generales recogidas en la citada norma (consentimiento informado, protección de la intimidad, etc.) los análisis que de forma directa puedan redundar en un beneficio para la salud del trabajador y siempre que en el caso concreto resulten apropiados, aludiendo a dos supuestos concretos: a) si sirven al trabajador para tomar él mismo decisiones respecto a su salud laboral, como, por ejemplo, respecto a medidas preventivas en relación con el entorno laboral con el propósito de evitar o reducir sus efectos, pedir el traslado a otro puesto de trabajo o, incluso, renunciar a él; y b) si sirven para que los empleadores o las autoridades competentes adopten medidas de mejora, preventivas y de higiene en la actividad productiva y en el ambiente o entorno laboral [343].

En cualquier caso, sobre esta cuestión no podemos obviar las disposiciones contenidas en nuestra Ley de prevención de riesgos laborales, que si bien sienta la regla general de que los reconocimientos de salud están supeditados, en principio, a la necesidad de autorización del propio trabajador, establece sin embargo las siguientes excepciones al principio de voluntariedad [344]: a) los reconocimientos que sean imprescindibles para evaluar los efectos de las condiciones de trabajo sobre la salud de los trabajadores; b) cuando sea necesario verificar si el estado de salud del trabajador puede constituir un peligro, tanto para él mismo como para otras personas; c) y cuando así se establezca en una disposición legal, siempre que esté referida a riesgos específicos y actividades de especial peligrosidad.

Por lo que se refiere al sector de los seguros, se produce en el mismo una contraposición entre los legítimos intereses económicos de las compañías y los de los clientes que pretenden cubrir sus riesgos de salud sin ver mermada su intimidad ni ser discriminados.

Como en el caso comentado de la repercusión en el ámbito laboral, en este campo de los seguros son aplicables en España los mismos preceptos del Convenio sobre Derechos Humanos y Biomedicina, que circunscriben la realización de pruebas genéticas predictivas a fines médicos o de investigación médica [345].

343 CARLOS MARÍA ROMEO CASABONA. Capítulo *El tratamiento y la protección de los datos genéticos,* de la obra *Gen-Ética*, ob. cit., págs. 252-255.

344 Art. 22 de la Ley 31/1995 de Prevención de Riesgos Laborales. Esta Ley ha sido parcialmente modificada por la Ley 54/2003, de 12 de diciembre.

345 Ver art. 12 del Convenio y, además, apartado 17 de la citada Propuesta de Resolución del Parlamento Europeo sobre las repercusiones sociales, jurídicas, éticas y económicas

No obstante, debe tenerse en cuenta en materia de seguros la incidencia del *principio de buena fe contractual*, que debe presidir siempre la relación entre la compañía y el asegurado, y el *principio de incertidumbre del riesgo*, principios ambos que deberían preservarse a ultranza a la hora de concertar la póliza correspondiente. En este sentido, podría decirse que si bien no debe permitirse a las compañías acceder a los resultados de los análisis genéticos, el cliente tiene un deber de informar a aquélla, al tiempo de la formalización del seguro, de todas las circunstancias relevantes de riesgo que conozca [346].

VI.5.5. La libertad reproductiva y la utilización de la información genética

En filosofía moral y política es común distinguir entre libertad positiva (de hacer o no hacer algo) y negativa (otros no actúan para restringir la libertad). Aplicada esta distinción al ámbito de la reproducción podemos hablar de aspectos positivos y negativos de la libertad reproductiva, encontrándose entre estos últimos, por ejemplo, la exigencia de que otros, como el Estado, no interfieran en el uso que los individuos hacen de la información genética para sus elecciones reproductivas. En cuanto a los aspectos positivos podría encontrarse la exigencia de que se ponga importante infor-

de la genética humana, de 24 de julio de 2001, y también apartado 22 del mismo texto donde se dice que «... *las compañías de seguros no deben tener derecho a pedir, antes o después de la negociación de un contrato de seguro, que se lleve a cabo un análisis genético ni a que se comuniquen los resultados de los análisis genéticos ya efectuados; ... los análisis genéticos no deben convertirse en una condición previa a la negociación de un contrato de seguro y ... las compañías de seguros no pueden pretender que se les informe acerca de los datos genéticos que conozca el asegurado*».

[346] V. ROMEO CASABONA. *Los genes y sus leyes. El derecho ante el genoma humano*, ob. cit. (págs. 83-85). En la obra se menciona el caso de Alemania donde la Comisión de Investigación del Parlamento tiene establecida la recomendación de que el solicitante habrá de revelar la información conocida sobre una enfermedad genética únicamente cuando la aparición fenotípica de la enfermedad vaya a ocurrir dentro de un período limitado de tiempo (por ejemplo, cinco años).

mación genética al servicio de parejas y mujeres que de otra forma no tendrían acceso a la misma [347].

Asimismo, pueden citarse como componentes de la libertad reproductiva los siguientes: la opción de procrear, con quién y por qué medios, la decisión de cuándo procrear, la decisión de cuántos hijos tener, qué tipo de hijos (si utilizan o no gametos de donantes para evitar riesgos), la decisión de tener o no hijos biológicamente emparentados, las condiciones sociales en las que desean procrear (dentro o fuera del matrimonio).

Por otro lado, hemos dicho que la esencia del consejo genético es que consiste en un proceso de información y consejo de carácter expositivo, es decir, no directivo u obligatorio. También es una realidad el hecho de que los avances de la investigación genética son cada vez más importantes y que lo previsible es que a medio plazo se descubran nuevas posibilidades de diagnóstico genético para evitar enfermedades.

Pues bien, sobre las premisas que se acaban de referir el debate bioético que se plantea, o se puede plantear en un futuro probablemente próximo, es cuándo, si llega verdaderamente el caso, la obligación de prevenir daños de transmisión genética será suficientemente fuerte como para justificar que se limite de alguna forma la libertad reproductiva o se interfiera en ella. O, en otros términos, cuándo se podrá exigir moralmente a los individuos que obtengan y/o usen la información genética para prevenir un daño que pueden transmitir genéticamente a su progenie [348].

Debido a que no puede admitirse la existencia de derechos absolutos, podría pensarse que la libertad de autodeterminación reproductiva de cualquier persona y su derecho a tomar decisiones significativas sobre su propia vida, no puede conferirlas un derecho absoluto a decidir si evitar o potenciar determinadas condiciones transmisibles genéticamente, y ello porque como sos-

[347] ALLEN BUCHANAN, DAN W. BROCK, NORMAN DANIELS y DANIEL WIKLER. *Genética y Justicia*. Cambridge University Press, 2002 (págs. 194-195).

[348] *Ibídem*, pág. 199 y 208.

tiene el profesor DAN W. BROOK, tales decisiones ayudan a dar forma a la naturaleza de la sociedad en la que otros van a vivir, lo que origina cierta razón para que la sociedad realice una toma de decisiones colectiva [349].

En cierta medida, puede hablarse ya de algún antecedente en el que este tipo de consideraciones se han llevado a efecto. Nos referimos, por ejemplo, al caso de la enfermedad de la talasemia, ampliamente difundida en Chipre, donde el Estado tiene establecido un programa de detección genética que obliga a las parejas que desean casarse a obtener una licencia o certificado prematrimonial que acredite el sometimiento de las mismas a análisis para detectar el gen de la citada enfermedad, cuyo padecimiento origina la muerte a una edad muy temprana.

No obstante, siguiendo al citado profesor, debería resaltarse que los esfuerzos sociales por prevenir daños de transmisión genética y la libertad reproductiva de los individuos no están necesariamente en conflicto, ya que lo previsible será que la mayor parte de los padres tengan gran interés en el bienestar de sus posibles hijos y utilicen voluntariamente la información o las intervenciones genéticas disponibles para prevenir daños o eliminarlos [350].

Finalmente, debe significarse sobre este asunto, que se encuentra quizás en ciernes un nuevo concepto de justicia social que abarque la evitación de determinadas desigualdades naturales, hasta ahora atribuidas al azar o a la lotería de la vida. Como sostiene el profesor BUCHANAN, si llega en el futuro a estar en nuestro poder el prevenir lo que ahora consideramos la desgracia de una constitución enfermiza (un sistema inmune débil) o la catástrofe (el desastre natural) de una enfermedad degenerativa como puede ser la demencia de Alzheimer, quizá ya no podamos considerarla una desgracia. Por el contrario, sostiene el citado autor, que en esos casos tal vez lleguemos a la conclusión de que la persona que sufre estas discapacidades, bien por falta de información a sus progenitores, bien por falta de posibilidades de acceso de estos últimos al consejo genético, es objeto de una injusticia.

[349] *Ibídem*, pág. 204.
[350] *Ibídem*, pág. 208.

La máxima que subyace a la idea anterior es que, según aumenten nuestras capacidades de actuación en materia genética para prevenir o tratar enfermedades, el territorio de lo natural se irá desplazando al ámbito de lo social, y este nuevo territorio que vaya surgiendo será colonizado por las ideas de justicia [351].

Entrando en el análisis jurídico de la cuestión y dejando aparte los preceptos constitucionales que pueden amparar la libertad de reproducción, que incluso para algún autor como YOLANDA GÓMEZ SÁNCHEZ constituye un auténtico derecho integrado en otros (libertad, dignidad humana, libre desarrollo de la personalidad, intimidad, derecho a fundar una familia) [352], el marco jurídico por el que se rige en España la cuestión planteada está configurado fundamentalmente por el Convenio sobre derechos humanos y biomedicina y por la Ley sobre técnicas de reproducción humana asistida y normativa desarrollo de esta última.

En el Convenio de Oviedo se deja claro que las pruebas genéticas predictivas requieren la existencia de un asesoramiento genético apropiado [353], término este último que, como indica el profesor ROMEO CASABONA, alude a que los análisis habrán de realizarse dentro de los estándares establecidos sobre asesoramiento genético, es decir, que será el adecuado, pero no directivo u obligatorio [354].

Por lo demás, el citado Convenio admite todas las modalidades de diagnóstico genético, tanto de posibles portadores de enfermedades genéticas como sobre los riesgos de su transmisión a la descendencia, e incluye igualmente las fases preconceptiva, preimplantatoria, prenatal y postnatal.

[351] ALLEN BUCHANAN. *Genética y Justicia*, ob. cit. (pág. 78).

[352] YOLANDA GÓMEZ SÁNCHEZ. *El Derecho a la Reproducción Humana*. Marcial Pons, 1994.

[353] Art. 12 del Convenio sobre derechos humanos y biomedicina.

[354] *El Convenio de Derechos Humanos y Biomedicina. Su entrada en vigor en el ordenamiento jurídico español*. Varios autores (coord. CARLOS MARÍA ROMEO CASABONA), ob. cit., pág. 175.

En cuanto a la Ley sobre técnicas de reproducción asistida, como dijimos más arriba, la citada norma admite expresamente que las técnicas puedan utilizarse en la prevención y tratamiento de enfermedades de origen genético o hereditario, siempre que sea posible recurrir a ellas con suficientes garantías diagnósticas y terapéuticas y estén estrictamente indicadas [355]. En principio, debe entenderse que el consejo genético que se deriva de los preceptos de esta ley es de carácter no directivo, sin embargo, la profesora EMALDI CIRIÓN encuentra una excepción en la misma donde se aprecia un claro dirigismo [356].

Se trata del precepto de la ley donde se establece que 'toda intervención sobre el preembrión, vivo, *in vitro*, con fines diagnósticos, no podrá tener otra finalidad que la valoración de su viabilidad o no, la detección de enfermedades hereditarias, a fin de tratarlas, si ello es posible, o de desaconsejar su transferencia' [357].

La mencionada expresión 'desaconsejar', unida a la consideración de infracción muy grave que se hace en la ley de la conducta de transferir al útero gametos o preembriones sin las exigibles garantías biológicas o de viabilidad, conduce a la citada autora a considerar que estamos ante un supuesto de consejo genético directivo.

El criterio anterior aparece reforzado en los protocolos oficiales de consentimiento informado sobre programa de diagnóstico preimplantatorio, de la Sociedad Española de Fertilidad, donde se indica que la finalidad del mismo es informar sobre el estado de los embriones y permitir que únicamente los sanos sean transferidos al útero [358].

[355] Art. 1.3 de la Ley 35/1988 sobre técnicas de reproducción humana asistida. Esta ley fue modificada parcialmente por la Ley 45/2003, de 21 de noviembre.

[356] AITZIBER EMALDI CIRIÓN. *El consejo genético y sus implicaciones jurídicas*, ob. cit., págs. 322-324.

[357] Art. 12.1 de la misma ley.

[358] Así se desprende del protocolo de consentimiento informado para programa de diagnóstico preimplantatorio de la Sociedad Española de Fertilidad (SEF), en cuyo apartado I, titulado ¿En qué consiste?, se dice: «*El diagnóstico Genético Preimplantatorio (DGP) es un nuevo método de diagnóstico prenatal que se realiza en el embrión antes de su implantación*

Ciertamente se hace difícil pensar que una pareja que se somete a una fecundación *in vitro* y solicita un diagnóstico genético preimplantatorio para evitar la transmisión a su descendencia de una enfermedad hereditaria, va luego a empeñarse en que se le transfiera a la mujer el embrión con la patología que se deseaba evitar.

Sin embargo, la cuestión que puede resultar problemática en el futuro es si podrá compelerse a la parejas (y no necesariamente a las que recurran a las técnicas de reproducción humana asistida), sobre todo a aquéllas en las que alguno de sus miembros padezca o sea portador de una enfermedad hereditaria, a recabar consejo genético obligatorio para informarse de las posibilidades de evitar la transmisión a su descendencia y, lo que es más importante aún, a someterse a las pruebas de detección o tratamiento que en su momento estén disponibles.

A favor de esta posibilidad estará la exigencia de evitar un daño a la descendencia y en contra de la misma el derecho a no saber como un exponente de la intimidad personal, y también el derecho a la autonomía y autodeterminación personal, todos ellos con claro respaldo constitucional.

VI.6. CONSIDERACIONES DE LA AGENCIA ESPAÑOLA DE PROTECCIÓN DE DATOS EN MATERIA DE DATOS GENÉTICOS

Con ocasión del estudio de la conveniencia de crear ficheros con muestras genéticas para la identificación de cadáveres de personas desaparecidas, la Agencia Española de Protección de Datos estableció una serie de recomendaciones que se recogen en su Memoria del año 2000 y que consisten en lo siguiente [359]:

al útero. En las parejas con riesgo de transmitir a la descendencia alteraciones cromosómicas, el DGP informa sobre el estado de cada uno de los embriones concebidos, y permite que únicamente los sanos sean transferidos al útero ...». V. JAVIER SÁNCHEZ-CARO y FERNANDO ABELLÁN. *Reproducción Humana Asistida. Protocolos de consentimiento informado de la Sociedad Española de Fertilidad.* Ed. Comares, Madrid, 2002, pág. 157-163.

359 V. sobre esta cuestión la obra *La protección de datos personales en el ámbito sanitario*, de FERNANDO M.ª JAÑEZ RAMOS y otros, Ed. Aranzadi, 2002, págs. 54-64.

a) Cuando los datos incluidos en los ficheros se refieran a personas identificadas o identificables estarán sujetos a la LOPD, como es el caso de las personas desaparecidas ya que la propia finalidad del fichero es identificarlas asociando datos. Cuestión distinta es la de los vestigios hallados en el escenario de un crimen que no identifican a la persona a que se refieren. Estos no pueden considerarse ficheros sometibles a la LOPD hasta el momento en que se cotejen con otros datos, estando sujeto a la ley el fichero resultante.

b) En este caso se está siempre ante datos de salud de las personas debido a que, independientemente del uso de ADN codificante o no codificante, siempre se obtiene la huella genética del afectado que está íntimamente relacionada con su salud.

c) Deben tenerse en cuenta de forma imprescindible los principios de finalidad y calidad de los datos previstos en la LOPD, de forma que cuando aparezca viva o muerta la persona a quien correspondan los datos genéticos, éstos deben ser cancelados, no pudiendo conservarse los datos para elaborar perfiles genéticos de la población, ni para mantener bancos de ADN para la investigación de futuras conductas criminales, ni para ninguna otra finalidad, salvo que una norma de rango legal lo permitiese, disposición que además habría de huir de toda invocación genérica, imprecisión terminológica o ambigüedad.

VII

LA ACTUACIÓN JUDICIAL Y ADMINISTRATIVA EN MATERIA DE PROTECCIÓN DE DATOS DE SALUD

VII.1. El caso de los datos de salud fallado por el Tribunal Constitucional [360]

El Tribunal Constitucional tuvo ocasión de pronunciarse sobre un recurso de amparo [361] referido al caso de una empresa que mantenía un fichero con datos de sus trabajadores, al que denominaba «absentismo con baja médica» y en el que se consignaban además de las correspondientes fechas de baja y alta laboral, el motivo de la baja (enfermedad común o accidente laboral), los días durante los cuales se prolongó la situación de incapacidad laboral y el diagnóstico médico.

A la vista del citado contenido del fichero, en contraste con su denominación, se hacía patente que, no obstante los datos consignados en el mismo, su mantenimiento por la empresa no estaba precisamente dirigido a la preservación de la salud de los trabajadores sino al control del absentismo laboral, y que por ello su creación y actualización, frente a lo pretendido por la empresa, no podía ampararse en la existencia de un interés general amparado por la ley de protección de datos [362], sino en un interés particular de la empresa.

[360] V. Sentencia núm. 202/99, del Tribunal Constitucional, de 8 de noviembre de 1999.

[361] Fundamentado en el art. 18 de la Constitución Española.

[362] Entonces la LORTAD de 1992.

Por este motivo, para el Tribunal, el tratamiento y conservación en soporte informático de los referidos datos atinentes a la salud de los trabajadores, prescindiendo del consentimiento expreso de los afectados, debía calificarse como una medida inadecuada y desproporcionada que conculcaba el derecho a la intimidad y a la libertad informática del titular de la información, en este caso, de los propios trabajadores [363].

VII.2. Casos fallados por otros Tribunales de Justicia

VII.2.1. Confirmación de sanciones por tratar, sin consentimiento del afectado, datos de salud incorporados a un fichero para controlar el absentismo laboral

La Memoria 2002 de la Agencia Española de Protección de Datos se hace eco de dos Sentencias de la Audiencia Nacional, de 12 de abril y de 10 de mayo de 2002, respectivamente, desestimatorias de sendos recursos frente a resoluciones de la Agencia muy similares, y cuya problemática coincide también con la tratada en el caso del Tribunal Constitucional [364] estudiada en el punto anterior.

En ambos casos la resolución recurrida había sancionado a una empresa que se dedicaba a prestar un servicio consistente en el control del absentismo laboral de otras entidades. Para ello, el empleador les facilitaba los datos de sus trabajadores, incluyendo fechas de alta y baja, en su caso, y el personal médico de las compañías sancionadas visitaba a esas personas, elaborando un informe médico en el que se recogía el diagnóstico de la enfermedad que padecía el trabajador. Esos informes eran almacenados posteriormente en los ordenadores de estas empresas sin contar con el consentimiento del afectado.

En los dos supuestos enjuiciados el contrato celebrado entre las partes (empresa que realizaba el servicio y entidad que lo contrataba) indicaba como

[363] Ver fundamento jurídico 4.º, de la citada resolución.

[364] V. págs. 327 y 328 de la Memoria 2002 de la Agencia de Protección de Datos.

finalidad del mismo 'el control del absentismo'. Las empresas recurrentes fundamentaban la licitud del tratamiento que realizaron en la disposición de la LOPD que permite prescindir del consentimiento del afectado cuando el tratamiento de sus datos resulte necesario para la prevención o para el diagnóstico médicos, la prestación de asistencia sanitaria o tratamientos médicos o la gestión de servicios sanitarios, siempre que dicho tratamiento de datos se realice por un profesional sanitario sujeto al secreto profesional o por otra persona sujeta asimismo a una obligación equivalente de secreto[365].

Frente a ello, en la Sentencia de uno de los casos citados se razonaba que el tratamiento de datos personales relativos a la salud no se realizó con la finalidad médica aludida, ya que no tenía por objeto ni la mejora, ni la prevención de la salud de las personas a quienes se examinó y cuyos datos se incorporaron al fichero. No se llevó a cabo, en definitiva, una prestación necesaria para su salud, ni tampoco para el tratamiento médico al que pudieran estar sometidos los afectados, ni para la investigación científica o el desarrollo de la medicina, sino que el tratamiento de datos únicamente se había dispuesto al servicio de los intereses de quien había contratado a estas empresas, y con el objeto de evitar el absentismo laboral.

Por tanto, a juicio de la Audiencia Nacional, no podía hablarse en estos casos de una prestación de servicios médicos en los términos definidos por la LOPD, y ello aunque intervinieran facultativos sometidos al secreto profesional, sino de otro tipo de prestación de servicios a la que no alcanzaba la excepción de obtener el consentimiento recogida en la ley para los citados casos de asistencia sanitaria, siendo en consecuencia preciso el consentimiento del afectado para el tratamiento de sus datos.

VII.2.2. **Multa a empresa de salud por tratar datos personales sin consentimiento del afectado**

La Agencia inspeccionó a una empresa hallando ficheros sobre adelgazantes y productos dietéticos que contenían datos personales (nom-

[365] Art. 7.6 de la LOPD.

bre, apellidos, domicilio, sexo, fecha de nacimiento), sin que la titular pudiera acreditar el consentimiento de los afectados al tratamiento de los mismos. Por ello dictó una resolución de 3 de mayo de 1999 imponiendo una sanción de 10.000.001 pesetas.

La empresa afectada recurrió la citada resolución ante la Audiencia Nacional que desestimó el recurso y confirmó la sanción, por considerar que aquélla, en cuanto titular del fichero, estaba obligada a justificar el consentimiento de los afectados al tratamiento de sus datos, y que al no hacerlo había incurrido en una infracción grave por la que resultaba procedente la sanción económica referida [366].

VII.2.3. Interina cesada por reingreso de la titular de la plaza después de un periodo de excedencia, que solicita los datos laborales de esta última [367]

El Tribunal Superior de Justicia de Castilla y León conoció del caso de una interina despedida de un Hospital de Burgos por reingreso de la titular de la plaza tras un periodo de excedencia voluntaria. La interina solicitó los datos laborales de la propietaria de la plaza, con el fin de demostrar la improcedencia de su despido. En concreto, pidió copia certificada íntegra y literal del expediente personal de toda la vida laboral de la titular, incluida su solicitud de excedencia y la resolución, tanto de la concesión de dicha excedencia como de la reincorporación efectiva de la misma en el puesto de trabajo que la interina ocupaba.

El Hospital denegó la solicitud referida en base a lo dispuesto en la normativa de protección de datos personales y en determinadas órdenes ministeriales, estimando que una y otras impedían la expedición de los datos inclui-

[366] La infracción grave era la tipificada en el art. 43.3, d) de la Ley Orgánica 5/1992. Este caso aparece recogido en la Revista *Actualidad de Derecho Sanitario*, núm. 87 de octubre de 2002, págs. 754-758.

[367] Sentencia de 30 de noviembre de 2001, del Tribunal Superior de Justicia de Castilla y León. Comentada en *Actualidad del Derecho Sanitario*, núm. 83, mayo 2002, págs. 413 a 415.

dos en el citado expediente personal laboral, porque dicha actuación podía constituir un atentado contra la intimidad personal de la titular de la plaza.

Por su parte, el Tribunal entendió en este caso que los datos solicitados tenían por objeto lograr información relativa al tiempo que la titular había estado en situación de excedencia voluntaria, para comprobar si había sobrepasado en tal situación administrativa el tiempo fijado en la ley y, en consecuencia, si realmente tenía derecho a reintegrarse en el puesto de trabajo.

En estas circunstancias era evidente para el órgano judicial que tales datos, y sobre todo el uso que se les iba a dar, no afectaban ni a la intimidad ni a la privacidad de la titular de los mismos, por lo que no podía aceptarse que la falta de conocimiento parcial de aquéllos sobre la base de una hipotética lesión a la intimidad pudiera causar perjuicios a terceros, en este caso a la interina.

Por estos motivos, el Tribunal, si bien estimó que la petición de datos de la interina había sido formulada en términos excesivamente amplios (al sobrepasar la cuestión de la cesión de los datos relativos a la excedencia), estimó parcialmente su reclamación, condenando a la Administración a expedir y entregar a la interina certificación relacionada respecto de la titular de la plaza, de su petición de excedencia voluntaria, fecha de su concesión y efectividad, petición de reingreso y fecha de autorización para reintegrarse y fecha de su efectividad.

VII.3. La Agencia Española de Protección de Datos [368]

VII.3.1. Naturaleza y cometido de la Agencia Española de Protección de Datos

La Agencia Española de Protección de Datos es un ente de derecho público, con personalidad jurídica propia y plena capacidad pública y privada, que

[368] La Agencia cambió su nombre originario de Agencia de Protección de Datos por el de Agencia Española de Protección de Datos, por establecerlo así el artículo 79 de la Ley 62/2003, de 30 de diciembre, de medidas fiscales, administrativas y del orden social. En esta

actúa con completa independencia de las Administraciones públicas en el ejercicio de sus funciones [369]. Estas últimas se llevan a cabo por medio del *Director de la Agencia* [370], que es quien la dirige y ostenta su representación, y a quien corresponde dictar las resoluciones e instrucciones que se requieran [371].

Las funciones de la Agencia son básicamente las de velar por el cumplimiento de la legislación sobre protección de datos y controlar su aplicación, dictar instrucciones para la adecuación de los tratamientos a la ley, atender las peticiones y reclamaciones de las personas que pudieran resultar afectadas por un tratamiento de datos, requerir la adopción de medidas a los responsables y encargados de los tratamientos, ejercer la potestad sancionadora y velar por la publicidad de la existencia de los ficheros de datos de carácter personal [372].

Dentro de la Agencia Española de Protección de Datos, y como un órgano integrado de la misma, se halla el *Registro General de Protección de Datos*, donde deben inscribirse, entre otros, los ficheros de que sean titulares las Administraciones públicas y los ficheros de titularidad privada [373].

---

misma ley se varió también la LOPD para permitir la publicación de las resoluciones de la Agencia (nuevo apartado 2 del art. 37) y limitar los procedimientos sancionadores a una duración máxima de seis meses (nuevo apartado 3 del art. 48, que deja a salvo los referidos a infracciones de la Ley 32/2003, General de Telecomunicaciones).

[369] V. Art. 35.1 de la LOPD, donde además se dice que la Agencia se regirá por lo dispuesto en la citada ley y en su Estatuto (aprobado por el Real Decreto 428/1993, de 26 de marzo).

[370] V. Art. 2.3 del Estatuto de la Agencia Española de Protección de Datos, en el que se manifiesta que «... *los actos del Director se consideran actos de la Agencia*». Asimismo, el art. 38 de la LOPD prescribe que el Director está asesorado por un Consejo Consultivo.

[371] V. Art. 12 del Estatuto.

[372] V. Art. 37 de la LOPD.

[373] V. Art. 39.2 de la LOPD, donde se indica que deben inscribirse también en el Registro General de Protección de Datos, las autorizaciones a que se refiere la Ley, los códigos tipo a que se refiere el art. 32 de la misma y los datos relativos a los ficheros que sean necesarios para el ejercicio de los derechos de información, acceso, rectificación, cancelación y oposición.

En este sentido los centros y establecimientos sanitarios públicos y privados deben inscribir también sus ficheros en el Registro referido [374].

Este Registro es el órgano al que corresponde velar por la publicidad de la existencia de los ficheros, con miras a hacer posible el ejercicio de los derechos de información, acceso, rectificación, oposición y cancelación que confiere la ley a los interesados [375].

Por otro lado, la LOPD admite la existencia de agencias autonómicas con competencias inspectoras amplias, pero circunscritas exclusivamente a los ficheros de datos de carácter personal creados o gestionados por las propias Comunidades Autónomas y por la Administración Local de su ámbito territorial, sin que sea posible el ejercicio por aquéllas de ninguna competencia sobre ficheros de titularidad privada ni sobre los de titularidad pública distinta de la Autonómica o local, y ello aunque las competencias se desempeñen en el ámbito territorial de la Comunidad Autónoma (es decir, no cabe tampoco el ejercicio de competencia en relación con los ficheros de titularidad pública de los órganos integrantes de la Administración Periférica del Estado) [376].

[374] Una cuestión controvertida es la de qué ficheros de los centros sanitarios deben inscribirse. Para el abogado Pere Ruiz, experto en protección de datos y consultor de la Unión Catalana de Hospitales sobre esta materia, basta con inscribir sólo tres: de pacientes, personal y administración. A su juicio estos tres pueden agrupar otros ficheros específicos que habrán de protegerse debidamente y regular en los documentos de seguridad. V. Diario Médico de 17 de julio de 2003, Sección Normativa, artículo *La ley de protección de datos estancada en el sector sanitario.*

[375] V. Art. 23 del Estatuto de la Agencia de Protección de Datos.

[376] V. arts. 40 y 41 de la LOPD y Memoria 2002 de la Agencia, pág. 307. Actualmente existe la Agencia de Protección de Datos de la Comunidad de Madrid, cuyo funcionamiento se establece en el Capítulo IV, de la Ley 8/2001, de 13 de julio, de Protección de Datos de Carácter Personal de la Comunidad de Madrid (B.O.C.M., núm. 175, de 2001); y también por el Decreto 67/2003, de 22 de mayo, por el que se aprueba el Reglamento de desarrollo de la Agencia de Protección de Datos de la Comunidad de Madrid de tutela de derechos y de control de ficheros de datos de carácter personal (B.O.C.M., núm. 129, de 2003).

Y también la Agencia Catalana de Protección de Datos, creada por Ley 5/2002, de 19 de abril, del Parlamento de Cataluña, y cuyo Estatuto viene definido por el Decreto 48/2003, de 20 de febrero, de la Generalidad.

Aunque las Comunidades Autónomas pueden crear también su propios registros de protección de datos para los ficheros de su competencia, todos los ficheros y tratamientos de titularidad pública tienen que figurar inscritos en el Registro General de Protección de Datos, que es a quien corresponde dar publicidad a los tratamientos de datos personales realizados en todo el territorio del Estado español, independientemente de las competencias que la legislación autonómica otorgue a los registros administrativos de cada comunidad respectiva [377].

VII.3.2. Intervención en el campo sanitario de la Agencia Española y de la Agencia en la Comunidad de Madrid

VII.3.2.1. *Aplicación de la Ley 41/2002, de autonomía del paciente, para la regulación del derecho de acceso a los datos de salud*

En diciembre de 2003 la Agencia Española de Protección de Datos se pronunció sobre una reclamación de un paciente al que se le había negado parcialmente el acceso a los datos que sobre su persona figuraban en el Hospital donde fue asistido [378].

La postura del hospital había sido la de conceder el acceso condicionado al respecto de los derechos de terceras personas y de los profesionales que le atendieron, a la reserva de sus anotaciones subjetivas. Y ello sobre la base de aplicar las disposiciones de la ley básica de autonomía del paciente que limitan expresamente el acceso a los datos referidos [379].

En concreto el Hospital había atendido dos solicitudes de acceso del paciente al contenido de la historia clínica entregándole, a raíz de la primera petición, una copia del informe clínico y de la analítica, y, con mo-

[377] Memoria 2002 de la Agencia Española de Protección de Datos, apartado 4.4, *Comunidades Autónomas con competencias en materia de protección de datos*, págs. 60-61.

[378] Se trata de la Resolución R/00687/2003, conocida públicamente en enero de 2004. V. *Diario Médico* de 20 de enero de 2004, pág. 12.

[379] V. art. 18 de la Ley 41/2002.

tivo de la segunda solicitud, los informes de alta, pruebas complementarias, consentimientos informados y hoja de operaciones efectuados durante su ingreso.

Invocaba por su parte el paciente que no podía ser el Hospital quien determinara la existencia de perjuicios para terceros por facilitar la documentación interesada y, además, que las anotaciones subjetivas no constituían datos excluidos del derecho de acceso con arreglo a la LOPD.

Planteada así la cuestión la Agencia desestimó la reclamación del paciente sobre la base de entender aplicable la normativa sanitaria, en este caso la ley de autonomía del paciente, considerando que la misma 'limita el ejercicio del derecho de acceso a la historia clínica cuando se vean afectados derechos de terceras personas a la confidencialidad de los datos en ella recogidos', y que, por tanto, el derecho de acceso no puede ejercitarse 'en perjuicio de los derechos de los profesionales participantes en su elaboración los cuales pueden oponer al ejercicio del derecho a la reserva de sus anotaciones subjetivas'.

Esta resolución tiene, a nuestro juicio, gran importancia en cuanto supone el reconocimiento explícito por parte de la Agencia Española de Protección de Datos de la aplicación directa de la ley básica de autonomía del paciente en materia de protección de datos, por encima incluso de la propia LOPD en el supuesto que hemos analizado.

VII.3.2.2. *Cesión de datos de pacientes a favor de una clínica dental*

Dentro del ámbito sanitario se han producido algunas actuaciones inspectoras por parte de la Agencia Española de Protección de Datos, como la originada a raíz de una denuncia de una posible cesión ilegal de datos pertenecientes a una clínica dental por parte de un médico que trasladó su residencia fuera del territorio nacional [380]. La denunciante presentó escrito de

[380] Caso recogido en el apartado 2.5.1, de la *Memoria de la Agencia Española de Protección de Datos del año 1999.*

reclamación en la Agencia tras recibir publicidad de la clínica dental, con la que no había mantenido contacto alguno.

En la inspección realizada en la citada clínica no se encontraron datos informatizados de la denunciante y, según manifestaron los responsables de la misma, los datos les fueron facilitados por el médico en libretas manuscritas con el nombre, apellidos, dirección y teléfono de los pacientes, habiéndose destruido las mismas tras realizar el mailing a las personas allí incluidas.

El Director de la Agencia decidió archivar las actuaciones dado que, a la vista de los hechos denunciados, y teniendo en consideración que los datos relativos a la denunciante no estaban automatizados y se destruyeron al hacer el envío publicitario, tales hechos se encontraban fuera del ámbito de aplicación de la ley [381].

VII.3.2.3. *Documentación sanitaria abandonada*

Otra de las denuncias se refería a unas fichas de cartulina y un libro-registro de atenciones de urgencias, conteniendo datos, diagnósticos y prescripción de medicamentos de pacientes identificados, correspondientes a una Gerencia de Atención Primaria determinada, que miembros de la Guardia Civil de una Comandancia de La Coruña se encontraron en una pista forestal. Las fichas de cartulina se referían a un período comprendido entre 1973 y 1986, y el libro registro a 1988, todo ello manuscrito y algunas de las fichas escritas a máquina.

[381] Debe tenerse en cuenta que al tiempo de practicarse la labor inspectora en este caso, se encontraba vigente la Ley Orgánica 5/1992, de 29 de octubre (LORTAD), cuya aplicación recaía, a tenor de lo establecido por el art. 2.1 de la citada ley, sobre los datos de carácter personal que figuraran en ficheros automatizados. Ahora bien, la Ley Orgánica 15/1999, de 13 de diciembre (LOPD), que sustituyó a la anterior, modificó el citado precepto señalando (art. 2.1) que su ámbito de aplicación está constituido por los datos de carácter personal registrados en soporte físico (no necesariamente en ficheros automatizados) que los haga susceptibles de tratamiento (y a toda modalidad de uso posterior de los mismos por los sectores público y privado).

El Director de la Agencia resolvió archivar las actuaciones, por no ser de aplicación la ley de protección de datos dado que los contenidos en los documentos encontrados por la Guardia Civil no habían sido informatizados [382].

VII.3.2.4. *Información deficiente por parte de un Centro de transfusión de sangre*

El Director de la Agencia de Protección de Datos resolvió un expediente contra un Centro de transfusión de sangre autonómico, declarando que había cometido una infracción grave, debido a que al reclamante, para donar sangre, si bien se le había avisado sobre los casos de exclusión total, exclusión temporal y otras recomendaciones para los donantes, no se le llegó a informar en absoluto sobre la automatización de sus datos, sobre el responsable del fichero, ni sobre la posibilidad de ejercitar los derechos de acceso, rectificación y cancelación [383].

VII.3.2.5. *Los ficheros del ordenador personal de los profesionales de la medicina* [384]

Los hechos tienen su origen en el año 1996 con ocasión de una denuncia presentada ante la Agencia de Protección de Datos por el administrador de un consultorio médico en base a una supuesta utilización, sin consentimien-

[382] Caso igualmente recogido en el apartado 2.5.1, de la *Memoria de la Agencia Española de Protección de Datos del año 1999*, al que resulta también aplicable el comentario de la nota anterior, toda vez que la ley de protección de datos vigente al tiempo de las actuaciones era la LORTAD del año 1992, y no la LOPD del año 1999.

[383] También incluido en el apartado 2.5.1, de la *Memoria de la Agencia Española de Protección de Datos del año 1999*. Se declaró que el Centro había cometido infracción del art. 5 de la LORTAD, tipificada como grave en el artículo 43.3 c) *in fine* de dicha norma.

[384] Este caso se incluye en el apartado 5.3.5 de la *Memoria de la Agencia Española de Protección de Datos del año 2000*, y además fue ampliamente comentado por CARLOS HERNÁNDEZ, letrado asesor del Ilustre Colegio Oficial de Médicos de Madrid, en su artículo *El secreto médico y la Agencia de Protección de Datos*, publicado en el *Diario Médico* de fecha 8 de septiembre de 2000 (Sección Normativa. pág. 9).

to de los afectados y por parte de un médico ginecólogo que había prestado allí sus servicios profesionales, de datos personales pertenecientes al centro.

La Agencia Española de Protección de Datos, a través de su Inspección, requirió al facultativo que enviara una copia de todos los datos personales existentes en su archivo automatizado relativos a tres de sus pacientes.

El médico se negó a entregar los datos citados amparándose en su deber de secreto profesional, lo que motivó que la Agencia le sancionara con una multa de diez millones de pesetas por obstaculizar la labor inspectora.

La sanción fue recurrida judicialmente por el facultativo, oponiéndose al recurso la Abogacía del Estado por considerar que, frente a la Agencia Española de Protección de Datos, no podía invocarse el secreto profesional, pues la información obtenida se utiliza por dicha institución de forma confidencial a efectos simplemente de determinar responsabilidades por hechos denunciados o conocidos que pudieran estar infringiendo la legislación sobre protección de datos. Además, se argumentada por la Abogacía que el derecho a la intimidad de los que reciben el servicio médico, derecho invocado para negar la entrega de los datos a la inspección, es precisamente el derecho fundamental cuya protección tiene encomendada la Agencia Española de Protección de Datos.

Establecido el debate en los términos referidos, el Tribunal Superior de Justicia de Madrid [385] admitió el recurso del facultativo sobre la base de que el contenido del ordenador personal de un profesional de la medicina, en el que se incluyen las historias clínicas de sus pacientes, debía considerarse fuera del ámbito de aplicación de la ley de protección de datos [386] y, por consiguiente, de la labor inspectora de la Agencia Española de Protección de Datos. Asimismo, afirmaba el Tribunal que las eventuales violaciones del deber de confidencialidad del médico tenían sus propios cauces jurídicos de

[385] Sentencia de 12 de julio de 2000, de la Sección Octava de la Sala de lo Contencioso-Administrativo, del Tribunal Superior de Justicia de Madrid.

[386] Se trataba entonces de la LORTAD de 1992.

reacción, distintos y al margen de los establecidos en la ley de protección de datos, por lo que los ficheros del facultativo, en cuanto se limitaban a recoger historias clínicas de sus pacientes, permanecían al margen de dicha ley y, en consecuencia, nunca podían dar lugar a infracciones tipificadas en la misma [387].

Algunos autores opinan que no hay razón para considerar que los razonamientos de la Sentencia comentada, aunque referida a un supuesto en el que era de aplicación la LORTAD de 1992, tengan que verse afectados por la promulgación de la LOPD de 1999 [388], si bien la Agencia Española de Protección de Datos, a la luz de la nueva norma, aboga porque las previsiones constitucionales sobre el secreto profesional se compatibilicen con las relativas a la protección de datos personales, derivadas igualmente de la Carta Magna, de tal forma que se permita, también en este caso del ordenador personal, la comprobación del cumplimiento de los principios de protección de datos y de los derechos reconocidos en la propia ley [389].

[387] Añadía el Tribunal en la citada Sentencia que no existió obstrucción a la labor inspectora de la agencia, sino una discrepancia absolutamente razonable en orden al alcance de su actuación en relación con los datos de los pacientes, que el médico tenía registrados en un ordenador personal de su exclusivo uso, y cuya confidencialidad quedaba garantizada por el secreto profesional.

[388] En este sentido, ver CARLOS HERNÁNDEZ en su citado artículo *El secreto médico y la Agencia de Protección de Datos*.

[389] Ver la referencia anterior a la Memoria de 2000 de la Agencia.

En cualquier caso, debe decirse que los preceptos de la LORTAD y de la LOPD en esta materia no son exactamente iguales, ya que la primera, en su art. 2.2, b), decía que el régimen de protección de datos de carácter personal establecido por la ley no era de aplicación *«A los ficheros mantenidos por personas físicas con fines exclusivamente personales»*; sin embargo en la LOPD de 1999 esta excepción ha quedado matizada de la siguiente forma (art. 2.2 a): *«A los ficheros mantenidos por personas físicas en el ejercicio de actividades exclusivamente personales o domésticas»*. Así pues, en el precepto derogado se aludía al criterio excluyente de «fines personales», y en la norma vigente al de «actividades personales o domésticas», donde quizás resulte más difícil incluir la actividad médica profesional.

VII.3.2.6. *Difusión de datos de Sentencias condenatorias por negligencia médica*

La Agencia Española de Protección de Datos ha tenido ocasión también de pronunciarse sobre esta controvertida cuestión [390].

La consulta planteada a la Agencia fue concretamente si era posible difundir a través de internet datos relativos a sentencias firmes condenatorias por delitos relacionados con negligencia médica, sin recabar con carácter previo el consentimiento de los interesados [391].

Para la Agencia dicha pretensión no es admisible legalmente teniendo en cuenta que la ley de protección de datos consagra el principio del consentimiento del afectado para el tratamiento de sus datos, salvo en determinadas excepciones entre las que no se encontraba el supuesto referido. Y, además, porque la citada ley prevé, de forma expresa, que los datos de carácter personal relativos a la comisión de infracciones penales o administrativas sólo pueden ser incluidos en ficheros de las Administraciones Públicas competentes y, exclusivamente, cuando así lo establezca una norma con rango suficiente [392], con lo que queda vedado el tratamiento de los mismos a cualquier entidad de derecho privado.

Para la Agencia su conclusión en esta materia tampoco contradice el principio de publicidad de las actuaciones judiciales [393], dado que la citada publicidad tiene por objeto asegurar el pleno desenvolvimiento del derecho de las partes a obtener la tutela efectiva de los jueces y Tribunales en el ejercicio de sus derechos, sin que en ningún caso pueda producírseles indefen-

[390] Apartado 3.2.6 de la *Memoria* del año 2000.

[391] Los consultantes apelaban al supuesto carácter de datos extraídos de «fuentes accesibles al público», que atribuían a las sentencias judiciales. Sin embargo, para la Agencia los citados datos no podían tener dicha consideración legal al entender que sólo son «fuentes de acceso al público» las enumeradas de forma taxativa en el art. 3, j), de la LOPD, donde no se incluyen las Sentencias judiciales.

[392] V. Arts. 6.1 y 7.5 de la LOPD.

[393] Arts. 205.6, 232 y 266 de la Ley Orgánica del Poder Judicial.

sión [394]; mientras que la previsión sobre la materia contenida en la ley de protección de datos se fundamenta en la salvaguarda de los derechos de los ciudadanos frente a la realización de actividades que puedan producir una merma de su derecho al honor, la intimidad y la propia imagen [395].

Por lo que se refiere a la difusión de los citados datos a través de internet, la Agencia considera que, dado que el contenido de los listados podría resultar conocido por cualquier usuario de la red, dicha actuación constituiría una cesión de datos de carácter personal contraria a la ley y contemplada como infracción muy grave [396].

Finalmente, en la consulta formulada a la Agencia se preguntaba también sobre la posibilidad de establecer listas o repertorios de sentencias dictadas en que existan condenas por negligencia médica, publicándose los datos con referencia exclusiva al nombre e iniciales de los apellidos de los afectados.

[394] Art. 24.1 de la Constitución Española.

[395] Art. 18 del mismo texto.

Como se recuerda en el mismo apartado aludido de la citada *Memoria de la Agencia del año 2000*, sobre la colisión entre la publicidad de las sentencias y el derecho a la intimidad de las personas se ha pronunciado el Consejo General del Poder Judicial, disponiendo en el Acuerdo de 18 de junio de 1997, por el que se modifica el Reglamento número 5/1995, de 7 de junio, regulador de los aspectos accesorios de las actuaciones judiciales (apartado 3 del nuevo artículo 5 bis del Reglamento), que *«en el tratamiento y difusión de las resoluciones judiciales se procurará la supresión de los datos de identificación para asegurar en todo momento la protección del honor e intimidad personal y familiar»*.

[396] La Agencia se apoya en los artículos 11.1 y 44 de la LOPD. El primero que establece que *«los datos de carácter personal objeto del tratamiento sólo podrán ser comunicados a un tercero para el cumplimiento de fines directamente relacionados con las funciones legítimas del cedente y del cesionario con el previo consentimiento del interesado»*. Y el segundo, que establece los distintos tipos de las infracciones en materia de protección de datos, tipifica como infracción grave (letra c, apartado 3) *«proceder a la recogida de datos personales sin recabar el consentimiento expreso de las personas afectadas, en los casos en que ésta sea exigible»*; y como infracción muy grave (letra b, apartado 4) *«la comunicación o cesión de los datos de carácter personal, fuera de los casos en que estén permitidas»*. La consecuencia es que, conforme se prevé en el art. 45 de la LOPD, tanto el tratamiento como la publicación en internet de los citados datos podrían ser constitutivos de infracciones sancionables con multas de 10 a 50 y de 50 a 100 millones de pesetas.

Sobre esta cuestión la Agencia dictaminó manifestando que, con carácter general y en lo referente a repertorios, su publicación es posible siempre y cuando de la misma no pueda derivarse el conocimiento de la persona que haya resultado condenada por la sentencia. En otro caso, no es posible la difusión de las sentencias sin antes recabar el consentimiento de los afectados [397].

Recuerda no obstante también la Agencia que las disposiciones de la LOPD no son de aplicación siempre que los datos hayan sido previamente sometidos a un proceso de disociación suficiente, de tal forma que por la aplicación de dicho procedimiento resulte imposible identificar un determinado dato con su sujeto concreto [398].

Lógicamente, respecto a las sentencias sobre casos de negligencia médica no puede obviarse la facilidad de identificar al facultativo afectado, aún en el caso de prescindir de su nombre, pues las referencias a su especialidad médica, centro sanitario o área donde trabaja pueden ser más que suficientes para que se sepa o se averigüe sin gran complicación de quien se trata [399].

La conclusión de la Agencia es que la finalidad que debe perseguir la elaboración de un repertorio jurisprudencial es la de permitir al usuario acceder al conocimiento del modo en que los Tribunales han interpretado lo establecido en el ordenamiento jurídico, sin que sea dable que dicha finali-

[397] Contemplado en el mismo apartado antes citado de la *Memoria del año 2000*.

[398] V. Art. 3 f) de la LOPD donde se define el «procedimiento de disociación» como *«Todo tratamiento de datos personales de modo que la información que se obtenga no pueda asociarse a persona identificada o identificable»*.

[399] Por este motivo, en su dictamen sobre el caso planteado la Agencia afirma lo siguiente: *«... teniendo en cuenta las especiales circunstancias concurrentes en el presente caso, en que los facultativos pueden ser identificados no sólo por su nombre y apellidos, sino también por el puesto que desempeñan en un determinado centro sanitario o, incluso, en áreas reducidas, por ser el único especialista en una determinada rama de la medicina, la mera sustitución de los apellidos por sus iniciales puede no resultar suficiente para que la disociación pueda considerarse conforme a lo prevenido en la LOPD, dado que si dicha supresión no va acompañada de la referente al puesto desempeñado y, en su caso, a la del área geográfica en la que el facultativo desempeña su profesión, no será posible considerar que aquél no resulta identificable, debiendo, en ese caso, someterse el fichero a las previsiones de la Ley, que exigen el consentimiento del afectado»*.

dad pueda ser contemplada en un sentido más amplio, con la consiguiente cercenación de los derechos fundamentales de las personas que intervengan en el litigio, como sucedería si se conocieran los datos personales referidos a dichas personas, que en modo alguno aportan información adicional sobre el contenido jurídico de la sentencia [400].

VII.3.2.7. *Utilización inconsentida de los datos personales de un donante de sangre* [401]

La denuncia presentada en la Agencia guardaba relación con la utilización de datos de un donante de sangre por una determinada Hermandad de Donantes de Sangre, hecho del cual tuvo conocimiento el denunciante al recibir un escrito remitido por dicha Hermandad en la que se le informaba de que sus datos habían sido facilitados por el Banco de Sangre.

El procedimiento sancionador se tramitó contra el Banco de Sangre y contra la Hermandad de Donantes de Sangre por cesión de datos de salud entre ambas entidades. En el mismo la Hermandad no pudo acreditar que tratase lo datos del denunciante con su consentimiento expreso, y el Banco de Sangre no pudo acreditar que contase con el consentimiento previo del denunciante para ceder sus datos a la Hermandad de Donantes.

La resolución del procedimiento declaró que el tratamiento de datos del denunciante realizado por la Hermandad de Donantes y la cesión de los mismos por parte del Banco de Sangre quedaban al margen de los supuestos de la LOPD en los que se permite excluir el consentimiento del afectado, resolviendo el Director imponer al Banco de Sangre y a la Hermandad de Donantes, sendas multas de 60.101,21 euros cada una, por la comisión de infracciones muy graves [402].

[400] Parte final del apartado 3.2.6 de la Memoria de la Agencia Española de Protección de Datos del año 2000.

[401] Memoria 2002 de la Agencia Española de Protección de Datos, pág. 197.

[402] La Agencia entendió que la cesión de datos operada había quedado fuera de los supuestos permitidos en los artículos 6, 7 y 11 de la LOPD. La infracción del Banco de Sangre era del art. 11.1 y la de la Hermandad del art. 7.3, tipificada muy grave en el art. 44.4.c.

VII.3.2.8. *Comunicación de datos de un gabinete médico a una compañía de seguros* [403]

Tras haber sufrido un accidente de tráfico las denunciantes fueron examinadas por un Gabinete de Médicos que elaboró, a petición de una empresa de seguros, sendos informes médicos relativos a sus estados de salud. Estos informes fueron presentados por la empresa de seguros en los autos del Juicio Verbal pertinente que se seguían en un Juzgado de Primera Instancia, sin que aquéllas hubieran dado su consentimiento para la utilización, tratamiento y difusión de tales datos.

Tras la realización de actuaciones inspectoras se determinó que el Gabinete de Médicos realizaba una prestación de servicios para la empresa de seguros. Sin embargo, no se habían cumplido los requisitos especificados en la LOPD para la realización del tratamiento de datos por cuenta de terceros, que exigen la existencia de un contrato en el que consten por escrito determinadas obligaciones para el encargado del mismo [404].

El Director de la Agencia decidió el inicio de un procedimiento sancionador al Gabinete de Médicos que se resolvió imponiéndoles una multa de 60.101,21 euros, por haber comunicado los datos de salud de las afectadas a la compañía de seguros, sin que existiera, cuando se produjeron los hechos, un contrato para la prestación de servicios entre ambas entidades.

VII.3.2.9. *Infracción grave por falta de control de acceso a la documentación clínica hospitalaria* [405]

Se recibió una reclamación contra un Hospital dependiente del Servicio Andaluz de Salud, con motivo de la documentación presentada en una

[403] V. también Memoria 2002 de la Agencia, págs. 197-198.

[404] Se trata de los requisitos ya estudiados en esta obra, contenidos en el art. 12 de la LOPD. Al faltar el contrato pertinente la Agencia estimó una infracción del art. 11 de la misma ley (cesión de datos inconsentida).

[405] Memoria 2002 de la Agencia de Protección de Datos, págs. 185-187.

demanda civil seguida contra la hija del denunciante, a la que se acompañaban como prueba documentos relativos a su salud provenientes del citado hospital. Estos documentos se correspondían con copias de certificaciones expedidas por dicho Hospital relativas al parto de la interesada así como copias de su historial clínico.

Como consecuencia de las actuaciones inspectoras se determinó que el Hospital no disponía de un registro de auditoría que permitiera conocer quién accedió a los sistemas informáticos al objeto de extraer una copia de la historia clínica relativa a la mujer, hecho por el cual se inició un procedimiento sancionador contra el Hospital que se resolvió declarando que éste había cometido una infracción grave [406].

VII.3.2.10. *Aportación de análisis clínicos de pacientes en un expediente disciplinario abierto a una trabajadora hospitalaria* [407]

La denunciante puso de manifiesto que, siendo trabajadora de un hospital dependiente del Ministerio de Defensa, recibió un oficio de dicho hospital en el que le comunicaron la apertura de un expediente disciplinario. Al trasladarle la documentación obrante en el expediente, comprobó que figuraban copias de veintisiete resultados de análisis médicos realizados a otras tantas personas ajenas al expediente disciplinario, estimando que se había vulnerado la confidencialidad de las pruebas médicas.

Tras la realización de las actuaciones inspectoras pertinentes, se comprobó que el citado hospital había abierto un expediente disciplinario a la denunciante, siendo uno de los motivos de incoación del mismo la posible falta de rigor en el resultado de algunos análisis clínicos de microbiología, así como el no entregar los resultados en la fecha inicialmente prevista. Como prueba

[406] La Agencia consideró que se había infringido el art. 9 de la LOPD que exige la adopción de medidas de seguridad en el tratamiento de datos personales, tipificada como grave en el art. 44 de la misma norma (castigada con multa de 10 a 50 millones de pesetas).

[407] Memoria 2002 de la Agencia Española de Protección de Datos, págs. 187-188.

de ello se habían incluido en el expediente copias de los resultados de análisis clínicos correspondientes a veintisiete pacientes, en los que figuraban, además de los datos analíticos, los relativos a la identificación de los pacientes, entre ellos el número de historia, el nombre y los apellidos. Una vez concluida la tramitación del expediente, la afectada solicitó copia completa del mismo procediendo el hospital a facilitarle lo solicitado. Los representantes del hospital manifestaron que la inclusión en el expediente disciplinario de los resultados analíticos se consideró necesaria como documento probatorio de los hechos que se imputaban a la trabajadora.

En la inspección realizada se comprobó que en el expediente disciplinario figuraba el sello de 'confidencial' y que, entre la documentación que contenía, se encontraba copia de veintisiete análisis correspondientes a veintisiete pacientes. Estos análisis figuraban en el fichero de análisis clínicos del Servicio de Microbiología del Hospital.

La reclamación fue archivada debido a que el expediente disciplinario que se instruyó a la denunciante fue realizado siguiendo el procedimiento establecido en el Convenio Único para Personal Laboral de la Administración General del Estado. Por otra parte, al aportar las copias de los resultados de los análisis clínicos realizados, se puso el sello de 'confidencial', con el fin de garantizar la intimidad de los pacientes.

VII.3.2.11. *Cesión de datos de salud de drogodependientes* [408]

A la Agencia de Protección de Datos de la Comunidad de Madrid se le planteó por un Centro de Atención Integral a Drogodependientes, la cuestión de la posible vulneración de la legislación de protección de datos con ocasión de la remisión de informes de usuarios del centro, sin su consentimiento, a los Servicios Sociales Municipales y al Instituto Madrileño del Menor y la Familia, a los efectos de valorar por dichas instituciones si la

[408] V. Revista *datospersonales.org*, de la Agencia de Protección Datos de la Comunidad de Madrid, núm. 1, marzo 2003.

situación de aquéllos podía suponer un riesgo para el adecuado desarrollo y cuidado de sus hijos.

La Agencia madrileña concluyó que, una vez analizado el ordenamiento jurídico de aplicación en el citado ámbito, el órgano competente para la tramitación de los expedientes de tutela de los menores que se encuentran en situación de desamparo es la Comisión de Tutela del Menor adscrita al Instituto Madrileño del Menor y la Familia, y que, a estos efectos, existe una habilitación legal para poder solicitar informes de cuantas personas u organismos puedan facilitar datos relevantes para el conocimiento y la valoración de la situación socio familiar del menor, pudiendo ser dichos informes de contenido técnico, psicológico, sanitario o social, siempre que sean necesarios para el completo conocimiento de las circunstancias del menor y de la atención que le puede dispensar su familia [409].

En consecuencia, la Agencia dictaminó que no existía inconveniente legal para que se pudiera facilitar, sin consentimiento del paciente, la información solicitada al equipo técnico de la Comisión de Tutela del Menor, dado que la cesión de la misma, aunque contuviera información personal del paciente, tenía amparo legal [410], pues iba encaminada a valorar si el paciente podía estar en condiciones de hacerse cargo de la custodia de su hijo sin riesgo para su adecuado desarrollo [411].

[409] En el ámbito estatal la legitimación vendría dada por la Ley Orgánica 1/1996, de protección jurídica del menor (art. 12), y en el ámbito autonómico madrileño por la Ley 6/1995, de 28 de marzo, de Garantías de los Derechos de la Infancia y la Adolescencia (arts. 51 y 52).

[410] No se olvide que el art. 11.2, a) de la LOPD establece que no será preciso el consentimiento del interesado para la comunicación de sus datos a un tercero (dentro del cumplimiento de fines directamente relacionados con las funciones legítimas del cedente y del cesionario), entre otros casos, cuando la cesión esté autorizada en una ley.

[411] La Agencia consideró que también era procedente facilitar información en el ámbito de los Consejos Locales, y dentro de ellos, a la Comisión de Apoyo Familiar que, de acuerdo con la Ley 18/1999, de 29 de abril, que regula los Consejos de Atención a la Infancia y la Adolescencia, tienen entre otras funciones la de valorar la situación de riesgo social, desamparo o conflicto social, en que pueden encontrarse los menores del ámbito del Consejo Local. En este caso la información debía facilitarse previo requerimiento directo del Coordinador del Proyecto de Apoyo familiar del Consejo Local al que pertenezca el Centro de Atención Integral.

VII.3.2.12. *Comunicación de datos de la tarjeta sanitaria a la Agencia Tributaria* [412]

Se formuló también a la Agencia madrileña de protección de datos una consulta consistente en determinar si la comunicación de datos de la tarjeta sanitaria a la Agencia Tributaria era conforme a Derecho.

La Agencia consideró que la cesión de datos de la tarjeta sanitaria a la Agencia Tributaria gozaba de respaldo legal teniendo en cuenta que la LOPD permite la comunicación de datos a terceros cuando así lo determine una ley y la cesión responda a los legítimos intereses del cedente y del cesionario [413], y conociendo además que la Ley General Tributaria establece que toda persona natural o jurídica, pública o privada, está obligada a proporcionar a la Administración Tributaria toda clase de datos, informes o antecedentes con trascendencia tributaria, deducidos de sus relaciones económicas, profesionales o financieras con otras personas [414].

VII.3.2.13. *Aplicación de la Ley 41/2002, de autonomía del paciente, a la cesión de datos asistenciales para un proyecto de investigación* [415].

A la Agencia de Protección de Datos de la Comunidad de Madrid se dirigió una consulta por un centro hospitalario público interesando conocer

[412] V. la citada revista *datospesonales.org*, núm. 3, julio 2003.

[413] V. citado art. 11.2, a) LOPD.

[414] V. art. 111 de la Ley General Tributaria, que habilita esta posibilidad de cesión de datos a efectos de llevar a cabo la inspección tributaria y prevención del fraude.

Además, el apartado 4 del art. 112 de la misma ley dispone que: «*La cesión de aquellos datos de carácter personal, objeto de tratamiento que se debe efectuar a la Administración Tributaria conforme a lo dispuesto en el art. 111, en los apartados anteriores de este artículo o en otra norma de rango legal, no requerirá el consentimiento del afectado. En este ámbito tampoco será de aplicación lo que respecto de las Administraciones Públicas establece el apartado 1 del artículo 21 de la Ley Orgánica de Protección de Datos de carácter personal*».

[415] Informe de la Agencia de Protección de Datos de la Comunidad de Madrid, publicado en la revista de dicho organismo, núm. 7, enero 2004.

si resultaba posible la cesión de datos asistenciales de urgencias y hospitalización de pacientes de un determinado distrito municipal a un Centro de salud mental, para su utilización dentro de un proyecto de investigación aprobado por la Comisión de Ética del área de salud correspondiente.

Entre los argumentos jurídicos barajados por la Agencia se encontraban, por un lado, distintos preceptos de la Ley General de Sanidad, donde se dice que las actuaciones de las Administraciones Públicas Sanitarias habrán de estar orientadas, entre otros objetivos, a garantizar que las acciones sanitarias se dirijan a la prevención de las enfermedades y no sólo a la curación de las mismas, y que una de las metas a conseguir es el fomento de la investigación científica en el campo específico de los problemas de salud [416].

Y, por otro lado, las previsiones de la ley básica de autonomía del paciente, respecto del obligado respeto a la dignidad de la persona, a la autonomía de su voluntad y a su intimidad a la hora de llevar a cabo las actividades de obtención, utilización, archivo, custodia y transmisión de la información y documentación clínica; también en cuanto al derecho de toda persona a que se respete el carácter confidencial de los datos referentes a su salud, y a que nadie pueda acceder a ellos sin previa autorización amparada por la ley; e, igualmente, por lo que se refiere al acceso a la historia clínica con fines judiciales, epidemiológicos, de salud pública, de investigación o docencia, que dicho acceso habrá de regirse por lo establecido en la LOPD, en la Ley General de Sanidad y demás disposiciones aplicables [417].

Asimismo, la Agencia valoró de forma primordial el precepto de la citada ley de autonomía que dispone que el acceso a la historia clínica con fines de investigación (así como con fines epidemiológicos, de salud pública o de docencia) obliga a preservar los datos de identificación personal del paciente separados de los de carácter clínico asistencial de manera que, como regla general, quede asegurado el anonimato, salvo que el paciente hubiera dado su consentimiento para no separarlos [418].

416 Arts. 6 y 18 de la Ley 14/1986, General de Sanidad.

417 Arts. 2, 7 y 16 de la Ley 41/2002, básica de autonomía del paciente.

418 Art. 16.3 de la Ley 41/2002, básica de autonomía del paciente.

Las leyes sanitarias referidas fueron, no obstante, conjugadas por la Agencia con las disposiciones de la LOPD en las que se indica que no se considera una finalidad incompatible con la que hubiera presidido la recogida de los datos personales, la consistente en el tratamiento de los mismos con fines históricos, estadísticos o científicos. Y, además, con la norma que sostiene que la cesión de datos relativos a la salud, en la medida en que se trata de datos especialmente protegidos, requiere de consentimiento previo y expreso (no basta el consentimiento genérico contemplado para el resto de los datos no especiales), con la excepción de que el tratamiento esté referido a la actividad específicamente asistencial, que no es el caso de la actividad investigadora [419].

De la confluencia de todos los elementos jurídicos mencionados, la Agencia concluyó que la cesión de datos planteada sólo era posible si se contaba con el consentimiento de cada uno de los interesados cuyos datos fueran a cederse, o se eliminaban de los datos a ceder cualquiera que permitiera identificar a la persona afectada o que pudiera hacerla identificable.

[419] V. arts. 4, 7.3 y 7.6 de la LOPD.

VII
BIBLIOGRAFÍA

ABELLÁN, Fernando. *El consentimiento informado en la determinación de tóxicos.* III Seminario Internacional de Toxicología y Legislación Sanitaria. Universidad Complutense de Madrid. Facultad de Medicina, noviembre de 2003.

ABELLÁN, Fernando. *El seguimiento farmacoterapéutico personalizado* dentro del Experto Legal en web Azfarmacia (http://www.azfarmacia.com), octubre 2002.

ABELLÁN, Fernando y C. MILLANA. Capítulo *Conflictos de Información en el Consejo Genético,* dentro de Cuadernos del Master en Derecho Sanitario, Vol II, Departamento de Toxicología y Legislación Sanitaria. Facultad de Medicina de la Universidad Complutense de Madrid, 2003.

ABBING ROSCAM. *La información genética y los derechos de terceros.* «¿Cómo encontrar un adecuado equilibrio?», *Revista de Derecho y Genoma Humano*, núm 2, 1995.

ALDAMA BAQUEDANO, Concepción. Capítulo III, «La protección de la intimidad y el derecho a la información», dentro de la obra *El Convenio de Derechos Humanos y la Biomedicina.*

ÁLVAREZ-CIENFUEGOS SUÁREZ, José María. «La aplicación de la firma electrónica y la protección de datos relativos a la salud», Revista *Actualidad Informática Aranzadi*, abril 2001.

ANDÉREZ GONZÁLEZ, Alberto. «Informe Seis. La seguridad y confidencialidad de la información clínica capítulo Aspectos legales de la seguridad y confidencialidad de la información clínica». Revista *Actualidad Informática Aranzadi*, abril 2001. Sociedad Española de Información de la Salud. Pamplona, 2000.

BUCHANAN ALLEN, DAN W. BROCK, NORMAN DANIELS y Daniel WIKLER. *Genética y Justicia.* Cambridge University Press, 2002.

CALDERÓN G y TOMKINS. G. Capítulo El laboratorio de fecundación in vitro. Condiciones de calidad actuales, dentro de la obra, *Reproducción Asistida del siglo XXI,* Colección Cuadernos de Medicina Reproductiva, editado por Antonio Pellicer y Carlos Simón. Ed. Panamericana, noviembre 2000.

CEREZO MIR, José. *Curso de Derecho Penal Español,* II, Ed. Técnos Madrid, 1998.

COLLADO GARCÍA-LAJARA, Enrique. *Protección de datos de carácter personal (legislación, comentarios, concordancias y jurisprudencia),* Ed. Comares. Granada 2000.

DAL-RE, Rafael, GÓMEZ-PIQUERAS Cristina, GARCÍA-ALONSO, Fernando, LUQUE Antonio y ÁVILES Remedios. Artículo «Propuesta de aplicación de la Ley de Protección de Datos de Carácter Personal en las hojas de información y consentimiento de los participantes en los ensayos clínicos», publicado en la revista *Medicina Clínica*, Vol. 117, núm. 19, 2001.

DÁVARA RODRÍGUEZ, Miguel Ángel. *Manual de Derecho Informático.* Ed. Aranzadi. (3.ª Ed. Septiembre 2001).

DE SOLA, Carlos. «Privacidad y datos genéticos. Situaciones de conflicto (II)». Revista *Derecho y Genoma Humano,* número 2/1995.

EMALDI CIRIÓN Aitziber. *El consejo genético y sus implicaciones jurídicas,* Cátedra Interuniversitaria Fundación BBVA-Diputación Foral de Vizcaya de Derecho y Genoma Humano. Ed. Comares, Bilbao-Granada, 2001.

FERNÁNDEZ LÓPEZ, Juan Manuel. Artículo, «El derecho fundamental a la protección de los datos personales. Obligaciones que derivan para el personal sanitario». Revista de *Derecho y Salud.* Extraordinario IX Congreso Derecho y Salud. Asociación Juristas de la Salud, Volumen 11, mayo 2003, Pamplona.

FERRER-ROCA, Olga. *Telemedicina.* Ed. Panamericana, mayo 2001.

GARCÍA MÁS, Francisco Javier. «La firma electrónica: Directiva y Real Decreto-Ley 14/1999, de 17 de septiembre». Revista *Actualidad Civil Aranzadi*, mayo de 2000.

GÓMEZ SÁNCHEZ Yolanda. *El Derecho a la Reproducción Humana.* Marcial Pons, 1994.

HERNÁNDEZ, Carlos. «El secreto médico y la Agencia de Protección de Datos», artículo publicado en el *Diario Médico* de fecha 8 de septiembre de 2000.

JAÑEZ RAMOS, Fernando María y otros. *Protección de datos personales en el ámbito sanitario,* Ed. Aranzadi, 2002.

JIMÉNEZ RIUS, Pilar. Artículo «Antecedentes legislativos de la nueva Ley Orgánica de Protección de Datos Personales». Revista *Actualidad Administrativa La Ley*, núm 26, semana 25 de junio al 1 de julio de 2001.

LOBATO GARCÍA MIJÁN, Manuel. *Genética y Derecho II,* de la colección Estudios de Derecho Judicial. Consejo General del Poder Judicial e Ilustre Colegio de Médicos de Madrid, 2003.

LÓPEZ FOLGUEIRA, María José. Artículo «La protección de datos personales en los ensayos clínicos». Revista *Cuadernos de Derecho Farmacéutico*, núm. 1-2002. Fundación Cefi.

LÓPEZ PAU, Francesc MOYA, Santiago MARIMÓN e Ignasi PLANAS. *Protección de datos de salud. Criterios y Plan de seguridad.* Ed. Díaz de Santos, 2001.

LUCAS MURILLO DE LA CUEVA, Pablo. *La publicidad de los archivos judiciales y la confidencialidad de los datos sanitarios,* VII Congreso Nacional de Derecho Sanitario, Madrid, octubre de 2000. Ed. Fund. Mapfre Medicina, 2001.

MARTÍN-CASALLO LÓPEZ, Juan José. *Derechos de acceso, rectificación y cancelación de los datos sanitarios en la LOPD,* VII Congreso Nacional de Derecho Sanitario, octubre de 2000. Ed. Fund. Mapfre Medicina, 2001.

MARTÍNEZ AGUADO, Luis Carlos. *Atención al paciente.* Ed. Certeza, Madrid 1996.

MARTÍNEZ SÁNCHEZ, Mar. Ponencia *La Ley Orgánica 15/1999, de 13 de diciembre y la inscripción de ficheros (archivos del profesional sanitario),* VII Congreso Nacional de Derecho Sanitario, Madrid, en octubre de 2000. Ed. Fund. Mapfre Medicina, 2001.

MARTÍNEZ SÁNCHEZ, Mar. Artículo «Reglamento de medidas de seguridad de los ficheros automatizados que contengan datos de carácter personal». Revista *Actualidad Informática Aranzadi*, abril de 2000.

MICHAUD, Jean. «Informe explicativo del Convenio relativo a los derechos humanos y la biomedicina». Publicado por *Diario Médico*, el 4 de abril de 1997.

NICOLÁS JIMÉNEZ, PILAR. «Los derechos del paciente sobre su muestra biológica: distintas opiniones jurisprudenciales». Revista *Derecho y Genoma Humano*, núm. 19/ 2003.

PUENTE ESCOBAR, Agustín. Artículo, «El tratamiento de los datos relativos a la salud, la ley 41/2002, de

15 de noviembre». Revista *Otrosí*, septiembre de 2003, núm 50, 3.º Época.

RODRÍGUEZ SEOANE, José Antonio. «De la intimidad genética al derecho a la protección de datos genéticos. La protección fundamental de los datos genéticos en el Derecho Español (A propósito de las SSTC 290/2000 y 292/2000, de 30 de noviembre). Parte II». Revista *Derecho y Genoma Humano*, número 17/2002.

RODRÍGUEZ-DRINCOURT ÁLVAREZ, Juan. *Genoma Humano y Constitución*, Cuadernos Civitas. Ed. Civitas 2002.

ROMEO CASABONA, Carlos María. Capítulo *El tratamiento y la protección de los datos genéticos*, dentro de la obra Gen-Ética coordinada por Federico MAYOR ZARAGOZA y Carlos ALONSO BEDATE. Ed. Ariel, 2003.

ROMEO CASABONA, Carlos María. *El Convenio de Derechos Humanos y Biomedicina. Su entrada en vigor en el ordenamiento jurídico español.* Cátedra Interuniversitaria Fundación BBVA-Diputación Foral de Vizcaya de Derecho y Genoma Humano. Ed. Comares, Bilbao-Granada 2002.

ROMEO CASABONA, Carlos María. *Los genes y sus leyes. El derecho ante el genoma humano,* Cátedra Interuniversitaria Fundación BBVA-Diputación Foral de Vizcaya de Derecho y Genoma Humano. Ed. Comares, Bilbao-Granada 2002.

RUBÍ NAVARRETE, Jesús. «Los códigos tipo: la alternativa de la autorregulación». Revista *Actualidad Informática Aranzadi*, núm 35, abril de 2000.

RUBÍ NAVARRETE, Jesús. «La autorregulación, alternativa a la falta de definición legal de los datos de salud». Revista *Actualidad del Derecho Sanitario,* núm. 94, mayo 2003.

RUÍZ MIGUEL, Carlos. «La nueva frontera del derecho a la intimidad». Revista *Derecho y Genoma Humano* núm. 14/2001.

SANCHO VILLA, Diana. *Transferencia Internacional de Datos Personales, Agencia de Protección de Datos* (Premio Protección de Datos Personales VI Edición), Madrid, 2003.

SÁNCHEZ-CARO, Javier. «Ley de Protección de Datos e innovaciones tecnológicas farmacéuticas». Revista de *Administración Sanitaria.* Volumen V, núm. 19 de julio-septiembre 2001.

SÁNCHEZ-CARO, Javier y SÁNCHEZ-CARO Jesús. *El médico y la intimidad.* Ed. Díaz de Santos, Madrid, 2001.

SÁNCHEZ-CARO, Javier y ABELLÁN, Fernando. *Derechos y deberes de los Pacientes (Ley 41/2002, de 14 de noviembre: consentimiento informado, historia clínica, intimidad e instrucciones previas.* Fundación salud 2000, Granada 2003.

SÁNCHEZ-CARO, Javier y ABELLÁN, Fernando. *Telemedicina y Protección de Datos Sanitarios. Aspectos legales y éticos.* Fund. Salud 2000 y Ed. Comares, Granada 2001.

SÁNCHEZ-CARO, Javier y ABELLÁN, Fernando. *Reproducción Humana Asistida. Protocolos de consentimiento informado de la Sociedad Española de Fertilidad.* Ed. Comares, Madrid, 2002

SÁNCHEZ-CARO, Javier y ABELLÁN, Fernando. *La historia clínica.* Biblioteca de derecho y ciencias de la vida. Ed. Comares, Granada 2000.

SINGER PETER. *Una vida ética,* Ed. Taurus, 2002.

VIZCAÍNO CALDERÓN, Miguel. *Comentarios a la Ley Orgánica de Protección de Datos de Carácter Personal.* Ed. Cívitas, Primera Edición, 2001.

WILSON, Petra. *An overview of legal sigues in European Telemedicina.* Octubre 1998.